내 영혼에 햇빛,
비치다

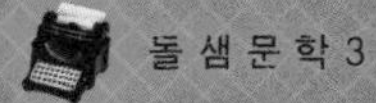 돌샘문학 3

내 영혼에 햇빛, 비치다

글 ·군포제일교회 가족

내 영혼에
햇 빛 비 치 다.

이 글은 영혼의 깊은 곳에서 나오는 그 누군가를 향한 사랑 고백입니다.
때로는 수줍고, 때로는 바보같고, 때로는 사막의 오아시스처럼
감사의 나무를 길러내는 물이 되기도 합니다.
영혼이 살아나면 감사와 사랑의 표현에 인색하지 않습니다.

성도들은 성경공부를 하고 나면 그 속에서 얻은 것을 글로 고백했고 또 책을 읽고 난 후, 교회의 큰 행사를 마친 후의 마음을 글로 써서 담임목사와 깊은 지식과 감정을 공유하며 신령한 가정의 아름다움을 길쌈해왔습니다.
그 과정에서 생산된 글을 한 두장 모아보니 한권의 책이 되었습니다.
이 기쁨을 모두와 함께 나누고자 합니다.

글 중에는 본인도 모르는 새 수록된 글들도 있고 또 이름을 드러내지 않은 채로 진솔한 고백의 배경을 지켜주려 노력한 부분도 있습니다. 오랜 세월이 지나 스스로도 '내가 이런 편지를 썼던가' 하는 글도 있을 것입니다.

담임목사와 편지하면서 자신을 알리고 기도제목을 공유하는 것은 우리교회의 자랑이자 특징입니다. 새해를 맞이할 때마다 성도들은 기도제목을 적어서 송구영신예배 때 담임목사에게 냅니다. 목회자는 성도의 소원과 가정형편을 소상히 알게 되고 그 기도제목을 1년 동안 품고 기도합니다. 그래서 우리는 큰 교회라 불리워도 가정처럼 따뜻하고 포근하다는 느낌을 받습니다.

오래 전, 한 믿음있는 여 집사가 서울에서 큰 실패를 겪고 군포로 왔습니다. 그는 자신이 가정을 실패하게 했다는 죄책감에 괴로워했고 남편에게도 늘 미안해했습니다. 그로인해 기도생활을 하다가 은혜를 받았습니다. 그는 복음 안에서 자유를 얻고, 네 통의 편지를 보내왔는데 자신이 만난 예수님, 설교에 은혜 받은 것, 기다림에 대한 고마움 등의 편지였습니다.

몇 년이 지난 후 그는 암에 걸려 수술을 받았지만 2년이 못되어 재발했고,

구원의 확신을 가지고 천국에 갔습니다. 남겨진 자녀들과 남편도 흔들림 없이 신앙생활을 했습니다. 나는 네 통의 편지를 4년 동안 그 여 집사의 추도예배 때 한 장씩 보내주었습니다. 지금은 그 집사님의 감동적인 글이 남아있었으면 좋았을 텐데 하는 생각이 듭니다. 글은 후손에게 조상의 흔적을 전해주는 매우 위대한 것이며 자신의 존재와 신앙의 유산을 남길 수 있는 가치있는 일입니다.

이 책은 74명의 다양한 직분, 나이, 연조를 가진 사람들이 쓴 글로 이루어졌습니다. 제가 이 책을 읽으며 느낀 것처럼, 이 글을 읽는 모든 성도들도 함께 참 영혼의 호흡을 느껴보시길 바랍니다.

출판하기까지 마음을 함께 한 성도들과 이 책을 엮는 데 수고한 모든 분들께 하나님의 은총이 있기를 기원합니다.

2015년 1월 1일

담임목사 전태진

• contents •

Part 3. 저의 문을 활짝 열겠습니다

장성한 성도들의 변화와 결단, 그리고 헌신의 각오.

Part 4. 기대어 살아가네요
더불어 살고, 합력하여 선을 이루는 이야기.

만남

사람은 만남을 통해

행복의 꽃을 피우기도 하고 시들게도 합니다.

지혜자는 만남을 주선하시는 생사의 주관자

창조주께 의지합니다.

그러나 미련한 자는 스스로 판단하다

결국 종이 한 장 뒤의 사건도 예측 못해

잘못된 만남으로 일평생 후회하기도 합니다.

이젠 주 안에서

까마귀 통해 먹이시는 하나님의 사랑을 체험하고

군중 속 분주함 가운데서도 평화를 누리고

고난 속 광야의 외로움을 넘어

행복을 잉태하는 날들이 되길 바랍니다.

내 욕심대로 모두 가지려는 마음을 내려놓고

행복의 주인이신 하나님께 모든 것을 맡겨보세요.

최고의 행복한 만남은

구원의 주 되신 예수님을 만나는 것입니다.

우리 모두에게 벌써 행복이 임했습니다.

신령한 가정 안에서 만난 우리, 하나님과의 관계를 잘 맺고

하는 모든 일에 평강이 깃들기를 소원합니다.

그리고 모두에게 건강과 은혜가 충만하길 바랍니다.

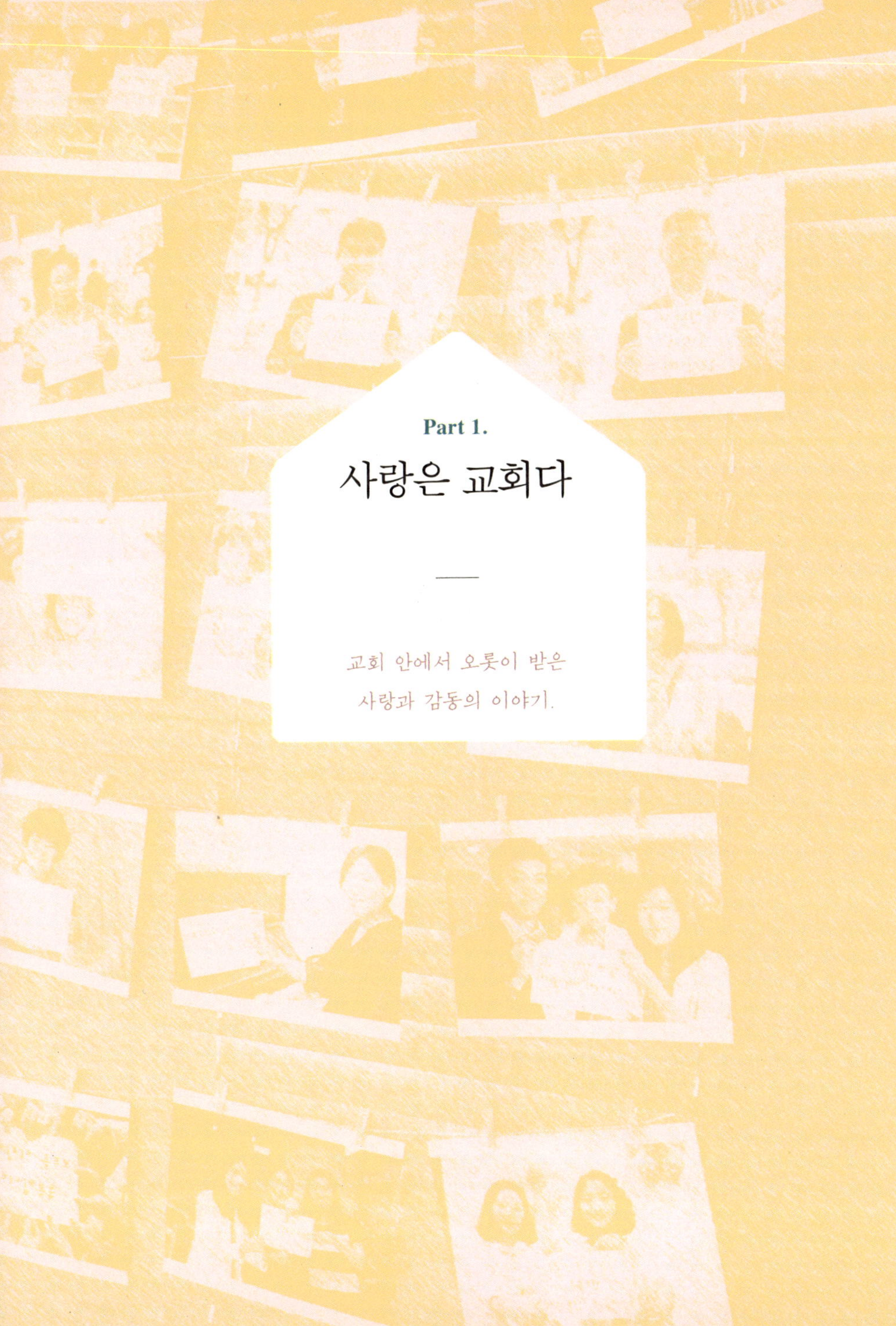

Part 1.

사랑은 교회다

교회 안에서 오롯이 받은
사랑과 감동의 이야기.

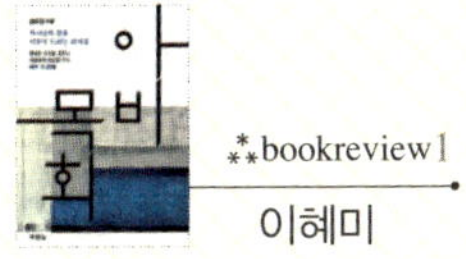

***bookreview 1
이혜미

2011년, 여름을 머금기 원하는 봄이 작별을 고할 무렵,
맑은 햇살이 들어와야 할 창가에 생신축하 노래가 인사를 건넵니다.
무슨 일인가 싶어 창가로 가 보니, 많은 성도의 축하를 받는 목사님의 모습
이 보였습니다. 속으로 '참 특이한 교회다.' 라고 생각했습니다. 그리고 등
록했습니다. 그 특이한 교회에.

소문에 의하면 담임목사님께서 '아비목회' 를 하신다고 했습니다.
주일, 딱딱한 강해 설교를 하시는 근엄하신 목사님을 뵐 때면 도대체 아
비목회의 '아비' 는 어디서 볼 수 있는 건지, 내가 생각하는 '아비' 가 그
'아비' 가 맞는 건지 의문이 들었습니다. 하지만 얼마 지나지 않아 느낄 수
있었습니다. 아비목회하시는, 영적 '아비' 되시는 목사님의 사랑을 말입
니다.

　그 강단에서의 근엄하고 핵심을 찌르는 설교가 끝나면 새 가족 환영의 시간이 이어집니다. 그때 목사님이 말씀하십니다. "저 김아무개 집사 옆에 앉으신 분, 새로 오셨나 물어보세요." 그럼 백발백중 새로 온 성도입니다. 2천 명 가까이 앉아있는 드넓은 예배당에서 새 가족이 쏙쏙 눈에 들어오심은 기존의 가족들을 두루 살피는 눈과 마음이 없이는 불가능한 것이었지요. 그렇게 저의 작은 깨달음이 시작되었습니다.

　『아비목회』 책에는 36년 동안 교회를 가정처럼, 가정을 교회처럼 이끌어오신 목사님과 성도님들의 이야기가 담겨있습니다. 서로를 향한 사랑이 곳곳에 묻어났습니다. 어려운 성도를 보며 눈물 흘리시고 힘들어하는 성도의 수족이 되시고, 절망한 성도에겐 희망의 불씨가, 길을 잃은 성도에겐 길라잡이가 되시는 목사님을 만나볼 수 있었습니다. 충분한 하나님의 영적 공급이 없이는 불가능한 일들을 하나님의 힘을 빌려 해내셨습니다. 마치 시멘트 바닥에서 민들레가 움트고 나오는 것처럼 어려움 속에서도 온전히 하나님만 붙드신 의지가 묻어났습니다. 『아비목회』는 그랬습니다.

　사람이 경이로운 일을 보거나 겪게 되면 미사여구에 온 신경을 곤두세우곤 합니다. 그 놀라운 경험을 타인에게 생생하게 전해주고 싶기 때문이지요. 마치 우리가 복음을 접하고 우리를 구원해 주신 예수님을 생각하면 너무나 감사하고 행복해서 온 동네방네 그 사랑을 전하고 싶어지는 것처럼 말예요.

저에게 『아비목회』는 복음과 같았습니다.

살짝 미친 표현들과 내가 아는 모든 미사여구를 활용해 글을 장식하고 싶은 마음이 굴뚝같았습니다. 이 『아비목회』의 사랑과 감동을 어떻게 하면 잘 전할 수 있을까 생각하고 또 생각했습니다. 하지만 그렇게 하지 않았고 앞으로도 하지 않을 것입니다.

나의 제한적인 표현들로는 오히려 퇴색될 것 같은, 그래서 내 작은 표현들로 담고 싶지 않은, 그래서 경험하게 해주고 싶은, 복음과 같은 책. 다른 말 필요 없이 읽어보라고, 경험해 보라고, 그리고 와서 직접 느껴보라고 말씀드리고 싶습니다. 책으로만 경험했다면 이렇게 말할 수도 없었을 것입니다. 한 사람 한 사람을 기억하시고 그들의 아픔을 잊지 않으시는 목사님을 경험했기에, 자신은 힘들지언정 성도들은 힘들게 하고 싶지 않아 하시는 마음을 경험했기에 모든 이에게 알리고 싶은 것입니다. 경험해 보십시오. 놀라운 하나님의 사랑과 그 사랑을 온전히 흘려보내시는, 통로 되시는 권태진 담임목사님의 사랑과 열정을.

그 능력은
어디서 오는걸까.

story 1

김경화

교회를 나오기 시작하면서 조금씩 교회 분위기가 보일 때,
그 모습이 처음엔 꽤 낯설게 느껴졌다.

아무리 초신자라도 그렇지 도대체가 뭘 하라는 말도 없고, 어쩌다
얘기가 나와도 뜨뜻미지근하게 영 물에 기름처럼 나 혼자만 겉도는
것 같았다. 그러면서도 자부심들은 어찌 그리 강해 보이는지 꼭 목에
기브스라도 한 것 같았다. 오래 다닌 분들이 워낙 많아서 그런가? 자
기들만의 울타리가 강한걸까?

그러던 차에 누누이 들어왔던 성민원의 산하기관들을 직접 방문해
볼 수 있게 됐다. 아는 만큼 보인다고 직접 둘러보고 나니 어쩜 그렇

게들 목에 힘 주고 다니시는지 알게 됐다. 또 그럴 만하다는 생각도 들었다. 그리고 나도 우리 교회 성도니까 살짝 힘 주고 다녀도 되겠구나 싶어졌다. 난 그날 집에 가서 이런 건 혼자 알고 있으면 안 된다고 애들에게, 남편에게 얼마나 '대단한지'를 거듭 강조해가며 열심히 떠들고 있었으니까.

군포푸드뱅크, 재가노인복지센터, 성민요양원, 주간보호 시설인 성민노인복지센터, 군포시니어클럽 등 여러 기관들을 둘러보며 내가 그 동안 참 편하고 참 좁게 살았다는 생각이 들었다. 복지는 하는 사람이 따로 정해져 있고 나와는 별 상관없는 일이라 생각했던 마음이 미안해졌다. 조금만 돌아보면 이렇게 어려운 삶들이 많은데 나 혼자 힘들다고 투정만 부리며 도통 감사할 줄을 모르던 마음이 죄스러워졌다.

누가 억지로 하라고 시킨 것도 아닌데 그 많은 일들을 시작하고 지금까지 꾸준히 이어온 그 능력은 어디서 나오는 걸까? 하나님이 주신 은혜? 하나님이 주시는 능력? 곁을 돌아보지 않고 오직 한 분만을 해바라기하는 목사님의 그 믿음이 부러워졌고 또 목사님을 믿고 따라가는 많은 분들의 믿음 역시 부러워졌다. 그런 굳건한 믿음은 어디서 오는 걸까? 목사님 말씀처럼 계속 붙어 있으면서 나도 그런 믿음 달라고 하나님께 말씀 드려봐야겠다.

천막에서
시작된 은혜.

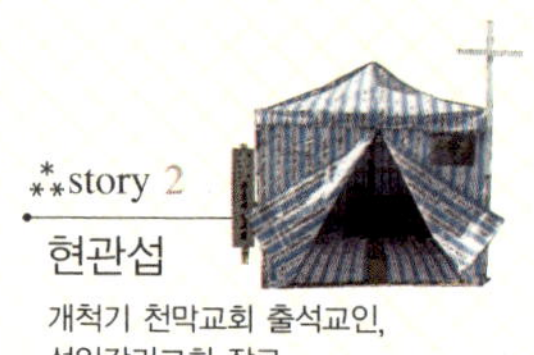

현관섭

개척기 천막교회 출석교인,
선일감리교회 장로

"폐결핵입니다."

1978년 현대양행에 입사하기 직전이었다.

낙심한 맘으로 벧엘약국에 약을 사러 갔다가 '군포제일교회 전도지'를 보았다. 그 전도지를 들고 교회를 찾아갔는데 아카시아나무 옆 쓰레기, 연탄재가 질퍽거리는 장소에 천막이 쳐 있는 것이 보였다. 세상에 그것이 교회라고는 상상도 못했다.

하얀 천막이 누렇게 바랬고 안에는 주황빛 전등이 하나 달려 있었다. 사람이라고는 아무도 없이 철 책상으로 된 강대상과 풍금 한 대만 덩그러니 놓여 있고 바닥에는 가마니같은 것이 깔려 있었다. 꼭 군생활에서 경험했던 야외 천막같은 느낌이 드는 것이 무서운 생각까지 들었다. 난 그곳을 뒤로하고 곧바로 하숙집으로 돌아왔다.

이튿날 출근을 했으나 입사는 하되 결핵 때문에 혼자 근무하는 부서로 배치를 받았다. 다행이었다. 근무를 마치고 퇴근을 하는데 이상하게도 내 발걸음이 저절로 그 천막 교회로 옮겨졌다. 지금도 그 당시 천막교회를 생각하면 마음이 울렁거린다. 추수감사절이 되기 일주일 전 그 교회에 처음 갔다. 내 나이 비슷한 목사님과 청년 5~6명이 모여 예배를 드리고 있었다. 그때 사모님은 풍금 반주를 하셨다. 야간근무를 마치고 매우 피곤한 상태에서 예배를 드렸는데도 목사님의 설교를 듣는 순간 정신이 번쩍 들 정도로 힘이 있었다.

그 다음 주일에도 교회에 갔더니 추수감사주일이라고 하면서 과일, 떡을 내 놓으며 같이 먹자고 했다. "제가 결핵이라 따로 먹어야 합니다."라고 사실대로 고백하며 약을 보여드렸더니 "괜찮아, 같이 먹어, 그리고 그 약은 먹지 마!" 그 동안 '현 선생'이라 부르시며 깍듯이 대해 주셨던 목사님이 이때는 처음으로 반말을 하셨다. 한참 지나서야 깨달았지만 그때 이미 결핵이 나았던 것이다. 그 이후로 지금까지 한 번도 결핵약을 먹지 않았지만 6개월 후 재검사를 했을 때 의사로부터 깨끗하게 나았다는 진단을 받았다. 목사님의 말씀이 그 정도로 큰 권세가 있었고, 나는 그때 처음으로 하나님의 살아계심을 체험했다.

그러던 어느 날 30대 후반쯤 되어 보이는 마을 이장이라는 사람이 예배 드리는 중에 찾아와 "어이! 목사, 나 좀 봅시다."라고 했다. 나는 그 당시에는 신앙심보다 의협심이 강해서 목사님을 힘들게 하는 사람을 보면 속에서 불이 났다. 그 말을 듣고 '세상에 저런 놈이 있나?' 당장 뛰쳐나가 혼내주고 싶었지만 목사님께서 예배는 드리고 가자고 하셨다. 예배를 마친 후, 목사님을 따라 청년 셋이 우르르 몰려가니 이장은 기가 죽어 "아! 그게 아니고 면사무소에서……." 하며 말끝을 흐렸다. 그로부터 며칠 후, 천막교회가 헐렸다. 남은 것은 풍금, 강대상, 십자가뿐이었다.

그 후 교회는 가정집으로 이사를 했다. 그 해 겨울 난 가정집에 세워진 교회에 드나들면서 목사님과 많은 대화를 나누며 신앙이 깊어져갔다.

그 때 난 하나님과의 관계에서 물질관과 건전한 이성관을 바로 세우게 됐다. 하루는 월급을 받아서 교회에 왔는데 가만히 보니 몇몇 여 청년들이 십일조를 드리는 것이 보였다. 그래서 나도 십일조를 챙겨 봉투에 넣고 이걸 드릴까 말까 고민하다가 드렸다. 예배 후 담임목사님께서 부르셔서 갔더니 목사님은 성경책에서 내 봉투를 꺼내 "이거, 도로 가지고 가세요." 하시면서 되돌려 주셨다. 자존심이 매우 상했다. 십일조 드렸다고 칭찬해 주실 줄 알았는데 오히려 십일조 봉투를 도로 가져가라고 하시다니……. 그러나 그 일은 오히려 진심을 담아 온전한 십일조를 드리는 계기가 되었고 지금까지 아무리 어려워도 한 번도 십일조를 빼먹지 않았다.

또 한번은 이런 일도 있었다. 추운 겨울, 남녀청년들이 한 집에 모여 아랫목에 발을 모으고 이불을 덮고 수다를 떨고 있었다. 그러고 5분이나 지났을까, 갑자기 목사님이 오셔서 이불을 확 걷어내시며 혼을 내셨다. 그러더니 그 주에 이성문제에 대한 설교를 하셨다. 또 그 당시 사람들과 자주 싸우곤 했는데 회사에서 사람들과 싸우고 교회에 가면 그 주의 말씀은 ‘싸우지 말라’ 라는 주제여서 ‘목사님은 항상 나를 보고 계신가!’ 하는 생각이 들기도 했다.

난 1980년 5월에 친구와 함께 동업을 하기 위해 인천으로 자리를 옮겼다. 그곳에서 지금의 아내와 결혼을 했다. 주례는 나보다 4살 많은 젊은 권태진 목사님이 하셨다.

내 마음속의 권태진 목사님은 늘 ‘아버지’ 같은 분으로 나를 나 되게 하신 분이다. 군포제일교회에 오면 내가 나를 조절하는 것이 아니라 하나님이 나를 주관하심을 느낀다. 지금도 목사님 얼굴만 보면 은혜가 되고 때로는 고민이 해결된다. 개척시절 주어진 환경 속에서 지나치다 싶을 정도로 올인하며 최선을 다하시는 목사님을 보았다. 그런 면을 보았기에 나도 한 달에 한 두명이라도 꼭 전도를 한다. 성전건축을 할 때 집 살 돈을 연보로 드린 적도 있고, 사업체를 팔아 드리기도 하며 성전건축에 세 번을 참여했다. 그 때마다 하나님은 나에게 많은 축복을 허락하셨다.

나는 말보다 행동이 앞서는 사람이라 실수가 많다. 그래서 때로는 자녀를 양육하면서 상처를 준적도 적지 않았다. 아버지로서 자녀를 사랑으로 인내하고 기다리는 것은 엄청난 희생이 뒤따름을 깨달아간다.

하나님 은혜로, 좋은 아버지와 함께하는 군포제일교회에는 더 큰 부흥과 축복이 기다리고 있음을 믿는다. 또한 나 자신도 섬기는 곳에서 더 나은 하나님의 자녀로 바르게 서갈 수 있기를 기도한다.

어느 날 하나님께서 울고 계셨다. "왜요? 하나님!"

담임목사님도 울고 계셨다. '왜일까?'

기도하기 시작했다. 그리고 조금씩 성경이 깨달아지기 시작했다.

강단의 말씀이 들리기 시작했다.

생명의 폭포수! 영원한 생수! 말씀이신 예수님 감사의 행적.

왜 말씀을 잘 들어야 되는지. 왜 전도를 해야 하는지.

왜 기도를 쉬면 안 되는지. 왜 웃으며 복음을 나누어줘야 되는지

시나브로 깨달아지는 은혜가 임했다.

그쯤해서 불러주신 일오삼, 그리고 삼백 기드온 용사.

기도를 드리면 드릴수록 내 죄가 크게 보였고

말씀대로 살지 못한 내 자신이 부끄러워 얼굴이 붉어졌다.

의를 위한 핍박도 받아보고 아직은 소심하지만

'강하고 담대해야겠다!' 는 의지가 생겨났다.

 구역부흥이 안 되면 하나님과 교회에 죄송하고

가족이 모두 주일성수를 못할 땐 내 삶이 아름답지 못한가 싶어

의기소침해졌다. 그 땐 어김없이 강단에서 주신

"하나님은 중심을 보신다!"

는 말씀이 생각 나 회개하고 삶을 고쳐 나갔다.

또한 "내게 능력 주시는 자 안에서 내가 모든 것을 할 수 있습니다.

꿈을 가지세요. 거룩한 소원을 가지세요!"

라고 말씀하시는 담임목사님과 늘 부흥에 대한 소망으로

수줍게 미소 지으시는 사모님의 모습 속에서

우리 교회를 향한 하나님의 기대하심을 보게 되었다.

나도 모르게 힘이 불끈 솟았다.

오늘도 나는 주보를 들고 당동과 당정동 1층 상가와 주택을

조심스럽게 걷는다. 모든 우편함들이

"영혼의 말씀은 제게 주세요!"

라고 두 손 벌리는 것 같아 행복하기만 하다.

'지금까지 지내온 것 다 하나님의 은혜입니다.'

첫사랑

**poem 1
이은희

지금도 떨림으로 다가오는
겟세마네 동산에서의 기도
땀이 핏방울처럼 변했던
그 열정의 기도

모든 것 다 주시고
마지막 그 목숨까지
사랑하는 나를 위해
던지신 당신

당신의 이름으로
소원하게 하시고
당신의 이름으로
미래를 꿈꾸게 하신

지금도 생각하면
가슴이 떨려
나의 첫사랑
나의 주님!

마음 속에서
우러나온 감사.

나는 전도가 필요한 남편과 7살, 5살 두 아이를 둔 엄마이다.

3년 전, 오빠에게 뜻밖의 제안을 받았다. 자신이 하고 있는 국수집이 장사가 잘 된다며 나에게도 한번 해보라는 것이었다. 계획에도 없던 일이라 고민을 하던 끝에 장사를 해보기로 마음먹고 그동안 살던 서울에서 이곳 산본으로 이사하게 되었다.

이사 온 후 전에 다니던 교회 목사님께 소개받은 교회를 찾아봤지만 찾을 수가 없었다. 하는 수 없이 가까운 교회에서 예배를 드리기로 했다. 그 교회가 바로 군포제일교회이다. 그날 교회입구에서 만난 권사님에게 찾는 교회가 있다고 말했지만 상냥한 미소로 권유하시던 모습에 이끌려 등록을 하게 됐다. 며칠 후 그렇게도 찾던 교회가 가까운 대로변에 있는 것을 발견했지만, 마음이 가지 않아 이미 등록한 군포제일교회에 계속 다니기로 하고 지금까지 신앙생활을 하고 있다.

감사한 마음으로 신앙생활을 잘 하게 된지 얼마 지나지 않았는데, 오빠네 가정에 위기가 닥쳐왔고 여러 일 후에 결국엔 이혼까지 하게 되었다. 그리고 나는 갑자기 내 아이 둘에 조카 세 명까지 돌보다보니 육체적으로 많이 힘들어졌다.

어느 날 담임목사님께서 나의 고민을 들으시고는 "엄마 역할 잘 할 수 있어!"라며 토닥여주셨고 그 말이 큰 힘이 되었다. 그 격려는 감당하기 어려웠던 환경 속에서 지치지 않고 늘 감사하는 마음으로 견딜 수 있게 하는 원동력이 되었다. 나는 부족하지만 주님께서 주시는 사랑으로 조카들의 외로운 마음을 따뜻하게 안아줄 수 있었다.

그런 시간을 지나 조카들에게도 새엄마가 생겼다. 육체적으로 한결 여유로워졌다. 하지만 조카들을 교회 보내는 문제로 새언니와 날카롭게 부딪히기도 했다. 신앙적인 부분은 나도 양보할 수 없어서 다툼도 있었지만, 감사하게도 이제는 교회에 잘 보내주고 있다. 오빠네 가족이 믿음 안에서 하나 되길 늘 기도하고 있다.

얼마 전 아이들이 아파 소아과에 간 일이 있다. 거기서 만난 한 엄마가 우리 아이들이 매고 있는 제일선교원 가방을 보더니 자기 아이가 다니는 선교원이 문을 닫게 됐다며 우리 선교원에 대해 물어왔다. 난 우리 담임목사님과 교회에 대해, 목사님의 선교원 아이들을 향한 비전 등 이것저것을 얘기했다. 한참을 듣던 그 엄마는 나를 보며 "목사님이랑 교회 얘기할 때

눈에서 빛이 나요. 사랑하는 게 느껴지네요.”라고 말하는 것이다. 생각해 보니 그냥 선교원에 대해 물었을 뿐인데 나도 모르게 너무 정신없이 많이 쏟아냈나보다. 그렇지만 한편 흐뭇했다.

　나의 신앙의 아버지이신 좋은 목사님과 좋은 구역장님도 만나게 하신 주님! 보잘 것 없는 자를 할 수 있는 나로 만들어 주신 주님! 담임목사님께서 주시는 말씀으로 깨닫게 하시니 사랑과 열정도 생긴다. 감히 그 은혜를 어떻게 갚으랴. 마음 깊은 곳에서부터 우러나온 감사를 하나님께 드린다.

사랑은

이채은

사랑은 분홍이다.
사랑은 빨강이다.
사랑은 노랑이다.
사랑은 마음이다.
사랑은 뽀뽀다.

사랑은 하나님이다.
사랑은 예수님이다.
사랑은 예쁘다.
사랑은 꽃이다.

사랑은 웃게 한다.
사랑은 가족이다.
사랑은 선생님이다.

내 영혼에 햇빛, 비치다

사랑은

** poem 3
심은섭

사랑은 교회다.

사랑은 기도다.

사랑은 찬양이다.

사랑은 십자가다.

사랑은 꽃이다.

사랑은 선물이다.

사랑은 가족이다.

2011년 제일선교원 '사랑' 프로젝트 중에서
시 _ 7세 사랑반 작품
그림 _ 이정준 어린이

마음이
멋쟁이이신
목사님.

마음이

내영혼에 햇빛, 비치다

　느낀 감정을 글로 쓴다는 것이 몇 십 년 만이라 어떻게 써야할지 망설여집니다. 앞뒤가 맞지 않아도 이해하면서 읽어 주세요.

　하나님! 감사합니다. 저에게 우리교회를 허락해 주심을 감사하며 좋은 목사님께 양육 받으며 믿음생활 할 수 있게 하신 것을 내 평생에 최고의 축복으로 믿습니다. 저는 우리교회로 등록한지 3년째 접어 들었습니다. 처음 예배 드리러 온 나는 목사님께서 강대상에서 말씀하시면서 모든 성도들을 한사람 한사람 눈에 심는 것을 보면서 감동했습니다. 내가 듣고 싶었던 생명의 말씀에 은혜 받으면서 저는 감사해서 눈물이 그칠 줄 몰랐습니다. 예배가 즐거웠지요. 이 감사와 즐거움이 항상 충만하길 기도합니다. 또, 몇 주일 예배를 드린 후, 우리교회가 교회 건축을 위해 기도하고 있다는 것을 알게 되었지요. 할 줄 모르지만 기도하는 흉내도 내었습니다. 교회가 지어지기 전에 와서, 기존 성도들과 함께 처음부터 건축 헌금할 수 있도록 우리교회로 인도하신 하나님께 감사했습니다. 안 보이는 믿음이 보이는 믿음이 되는 열매를 우리교회에 주신 것 같이 우리 가정도 하나님의 큰 선물을 받았습니다. 믿음없는 큰 아들 작은 아들 에게 대대로 믿음의 가정에서 자란 큰 며느리. 작은 며느리 - 예배와 찬양 으로 헌신하는 딸들-을 저의 가정에 보내 주셔서 하나님께 영광을 돌리며 감사합니다. 목사님과 함께 하는 에스더 성경공부를 시작하면서는 어떤 것을 배우게 될까 궁금했습니다. 목사님과 한자리에서 몇 시간씩 공부하는 것이 처음에는 어색하고 어려웠지만 회를 거듭할수록 목사님의 진솔함과 사랑과 따스함으로 편안해졌으며 먼데 계신 목사님이 아니라 가까운 곳에 계시는 목사님이라는 느낌이 들었습니다.

성민원의 여러 기관을 둘러보고 성민노인복지센터에서 실습을 하면서 많은 생각을 갖게 했습니다. 늘어나는 우리나라의 노인들, 건강하게 장수해야 할텐데 저도 노인이라고 부르는 나이로 접어드니 자신을 돌아보게 됩니다. 하나님! 저는 2박3일만 앓다가 예수님 손잡고 하늘나라 가게 해 주세요, 하고 언제부터인가 기도했는데 그 시간에는 더욱 절실한 기도가 되었습니다.

'성민원은 기관마다 하나님이 함께 하시고 목사님께서 주님의 사랑으로 보살피기에 하나님의 사업을 성민원이 감당 할 수 있구나!' 하고 생각했습니다. 성민원 기관마다 축복해 주시고 복지하는 교회, 생명을 살리는 교회, 빛과 소금되는 교회로 성령 충만하길 기도합니다. 사모님의 어린아이 같은 순수함, 자비롭고 인자하심, 아름답고 존경합니다. 바쁘신 중에도 우리를 교육 시키기 위해 시간을 내어 주신 목사님께 감사드립니다. 목소리는 조용조용 소곤소곤 하시지만 말씀 속에 카리스마가 있으시고 마음이 멋쟁이이신 목사님을 존경합니다.

사랑합니다. 항상 건강하시길 기도합니다.

나라를 위하여
교회를 위하여

나를 포함한 우리 세대(80대)들은 왜정시대를 거쳐 해방, 대한민국 건국, 6·25, 4·19, 5·16, 월남전 참전 등 우리나라 현대사의 산증인들이다. 결코 쉽지 않은 인생을 살아왔다.

나는 인생의 가장 중요한 청장년 시절을 군에서 보냈다. 1953년 5월 해군소위로 임관과 동시에 미 7함대 함정에 실습장교 겸 연락장교로 1년간 승함했다. 나는 이 기간 동안 미 해군을 알고 미국의 문물, 그들의 식생활, 그들의 언어를 배울 수 있는 기회가 되었고 내 해군 생활의 기초를 아름답게 하는 밑거름이 되었다. 얼마 전에는 미국에서 60년 전의 나를 촬영한 사진 4매를 보내왔다. 참 고마운 일이다. 60여 년이 흐른 지금까지도 그들은 나를 기억하고 있었다.

우리 세대는 대한민국을 공산주의 침략으로부터 지킨 세대이다. 전쟁으로 우리 동료들 14만 명이 전사했고 UN군은 약 5만 5천 명이 전사했으며 미군은 3만 5천 명이 전사했다. 세계 여러 나라의 많은 청년들이 이 땅의 자유와 민주주의를 위해 싸우다 전사했음을 우리는 알아야 한다.

나는 딸과 사위의 인도를 따라 교회에 나오기 시작했다. 그 때부터 우리 교회와 관계를 맺게 되었다. 신앙생활을 시작한지도 벌써 9년이나 되었다. 나는 교회에 나오는 것이 기쁘고 애국애족하는 담임목사님이 너무 자랑스럽다. 그래서 우리 교회를 많은 사람들에게 소개하고 자랑하며 홍보대사 활동을 했다. 어떤 날은 친구가 확인 차 우리교회를 다녀 간 적도 있었다.

우리 교회가 성장을 거듭하며 그 외형도 커졌다. 아름다운 예배당이 건축되고 담임목사님은 합신교단의 총회장을 거쳐 한국장로교의 대표회장도 역임하셨다. 우리 교회와 우리 목사님이 이렇게 귀하게 쓰임 받고 있다. 여기엔 하나님의 메시지가 있다고 본다. 우리 성도들도 이에 걸맞는 성도가 되어야 할 것이다. 우리 목사님이 영적이고 애국적인 목사님이시기에 우리 성도들도 이전보다 더 영적으로 부흥하고 나라를 사랑하는 마음을 가지라는 메시지가 아닌가 생각해 본다. 나를 포함한 우리 성도들이 서로 사랑하고 교통하며 기도와 신앙생활에서 더 열정적이고 이웃과의 관계에서도 보다 모범이 되어야 할 것이다.

한 스코틀랜드 병사가 전쟁터에 나가 큰 부상을 입고 야전 병원에 후송

되었다고 한다. 군의관이 보니 수술을 해도 1%의 성공률이기에 망설이고 있을 때 병사가 "군의관님 당신의 수술이 성공하면 나는 내 어머님을 만날 수 있고 실패하면 나는 하나님을 만날 수 있으니 나는 하나도 두려울 것이 없소. 어서 수술해 주시오."라고 말했다고 한다. 우리의 신앙도 이 정도까지 이르도록 정진해야 하지 않을까 생각한다.

하나님께서 우리교회를 사랑하시고 더 성장하게 하시고 우리 목사님을 귀하게 사용하시고 아름다운 예배당을 건축하게 하신 것은 분명히 하나님의 뜻이 있을 것이다. 나를 포함한 우리 성도들은 각자의 신앙을 점검하고 신앙에 부흥이 일어나도록 힘써야 할 것이다. 하나님을 단순히 아는 것과 하나님을 경험하는 것은 다르다고 하는데 우리 모두가 살아계신 하나님을 경험하며 부흥의 주역들이 다 되기를 바란다.

나는 내 아내가 기도하는 모습에 감사한다. 또한 내가 남을 위해 기도할 수 있음에도 늘 감사한다.

나의 특별한 꿈 이야기.

저의 특별한 꿈 이야기를 해볼까 합니다.

지난 2011년 저는 아주 섬뜩한 꿈을 꾸었습니다. 저에게는 키워주신 외할머니가 계셨는데, 5년 전 돌아가신 외할머니는 우리를 키워주시는 동안 단 한 번도 야단을 쳐보신 일이 없던 그런 분이셨습니다. 꿈에, 외할머니께서 깊은 산 속에서 뒤돌아 쪼그리고 앉아서 열심히 뭔가를 하고 계시길래 제가 "할머니, 뭐 해?"라고 부르자 갑자기 홱 뒤돌아보셨는데 그 얼굴은, 외할머니의 인자하신 얼굴이 아니라 너무나도 소름끼치는, 사람도 짐승도 아닌 무시무시한 얼굴이었습니다. 마치 공포 영화의 한 장면처럼 말입니다. 그리고 며칠 후 똑같은 꿈을 또 꾸었습니다. 그 때는 외할머니의 얼굴이 더 무섭고 섬뜩했습니다.

저는 그때 난소의 물혹을 제거하는 수술을 앞두고 있어 입원 전에 목사님께 기도를 받으러 갔습니다. 목사님은 불안해 보이는 제게 마음을 편안히 가라앉히라고 말씀하시고는 기도해 주셨습니다. 그 때 제가 꾸었던 꿈을 말씀드릴까 하다가 그만 두었습니다.

수술 후 검사 결과는 악성 종양, 즉 난소암이었습니다. 그 변화와 진행 속도에 문득 섬뜩했던 두 번의 꿈이 떠올랐습니다. 급히 입원 수속을 밟고 수술을 기다리는 동안 목사님께서 전화를 걸어 기도해 주셨습니다.
수술 전날 밤, 남편이 mp3에 담아준 '하나님 은혜' 를 들으며 기도하니 마음이 편안해짐을 느꼈습니다. 나를 지으시고 부르시고 보내신 모든 것이 하나님의 은혜이기에 앞으로의 일도 하나님께 온전히 맡기면 된다는 믿음이 생겼습니다.

수술 후 열흘 정도 입원해 있는 동안 잠을 잘 이룰 수 없었습니다. 퇴원 후에도 하루 겨우 두 세 시간의 수면 중에도 알 수 없는 이상한 꿈에 시달려야 했고, 이런 현상은 1차 항암치료를 마치고 퇴원한 후에도 계속되었습니다. 극심한 피로가 누적된 가운데 일주일을 보내고, 주일저녁 예배를 마치고 집에 돌아가려는데 목사님께서 부르시더니 기도해 주셨습니다. 기도 받은 그 날 밤이었습니다. 외할머니가 나타난 꿈을 또 꾸었습니다. 그런데 이번에는 외할머니가 밝은 빛 가운데 환하게 웃으시면서 손을 흔드는 것이었습니다. 오랜만에 깊은 단잠을 잘 수 있었습니다. 눈을 뜨자 문득 "병도 마귀에 의해 오는 것도 있기 때문에 병마라고 일컫는다. 그래서 영적으로 이겨야 한다."는 목사님의 말씀이 떠올랐습니다. 그때부터였습니다. 저는 이상한 꿈에 시달리지 않았고, '이젠 다 나았구나' 하는 확신도 들었습니다. 저의 기도로는 이길 수 없었지만 목사님의 기도의 능력으로 물리쳤음을 알게 되었습니다.

놀라운 일은, 5개월 간 투병하며 마지막 여섯 번째 항암 치료를 받던 날, 담당 의사 선생님이 말씀하시길 2차 치료 왔을 때 이미 종양 수치가 정상이었다고 했습니다. 그 시점이 바로 목사님의 기도를 받고 외할머니를 마지막으로 꿈속에서 만난 이후였습니다.

  치료를 받으면서 저는 저 자신을 위해 많은 기도를 하지 못했습니다. 그렇지만 제가 이렇게 이겨낼 수 있었던 것은 목사님과 사모님, 많은 성도님, 그리고 남편과 딸의 간절한 기도 덕분이었습니다. 어떤 사람들은 우리 교회 성도들이 무뚝뚝하고 정이 부족하다고도 합니다. 세상의 관점에서 본다면 그렇게 보일 수도 있겠습니다. 하지만, 목사님께서 말씀하신 것처럼 진정한 친교와 사랑은 교회 안에서 말씀과 기도로 하나 되어 서로 위로하고 격려하는 것임을 알게 되었습니다. 지난 수개월의 시간이 건강한 교회 안에서 목사님의 기도의 능력에 힘입어 신령한 가족으로 보호받고 있음을 직접 체험하는 소중한 시간이었습니다.

  어려운 일을 당하고 계신가요? 좌절하지 마시고 목사님을 위해 뜨겁게, 간절하게, 쉬지 말고 기도하시기 바랍니다. 기도에도 급(class)이 있습니다. 우리 개개인의 기도의 힘은 미약하지만 우리가 합심하여 목사님을 위해 기도하면 목사님의 기도의 능력에 힘입어 우리가 보호받게 된다는 사실을 기억하시길 바랍니다. 우리 기도를 들으시는 하나님을 반드시 만나게 될 것입니다. 고난은 저에게 기도의 능력을 체험할 수 있는 아주 특별한 기회였습니다.

여보, 『아비목회』를 읽고
무슨 생각을 했어?

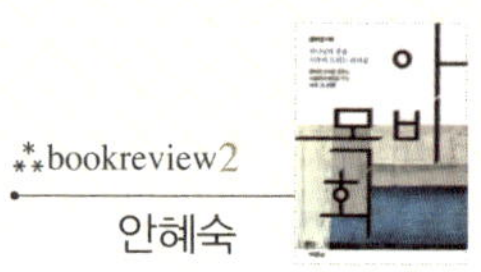

"목사님이 참 멋있는 분 같아.

그리고 목사님은 사업을 하셨어도 정말 멋지게 잘 하셨을 것 같아."

휴가가 끝나갈 무렵 오랜만에 커피숍에 들러 시원한 아메리카노 한 잔을 마시며 우리의 『아비목회』에 관한 이야기는 계속 되었다. "사실은 책 내용 중에서 당신이 나에겐 얘기 하지 않았지만 당신 이야기가 편집되어서 나온 줄 알았어." 그렇다. 공교롭게도 나의 사연들과 많이 닮아 있었고, 나의 고민들이 이야기 속에 고스란히 실려 있어 책을 읽는 내내 공감되는 부분이 한두 가지가 아니었다. 어릴 적 알코올 중독인 아빠가 일이 없는 날이면 아침 댓바람부터 막걸리며 이홉들이 소주를 사오라고 하시는 심부름은 나의 어릴 적 정말 떠올리기 싫은 기억으로 남아 있다. 일을 마치고 돌아오는 아빠의 귀가가 늦어지는 날은 그야말로 온몸이 후들후들 떨리는 시간의 연속이었다. 아빠의 늦는다는 것은 만취했다는 뜻이고, 고로 그 날은 창문이든 문이든 거울이든, 밥상이든 무엇 하나는 깨져야 하는 날이었다. 엄마는 그 싸움을 고스란히 온 몸으로 막아 내시고 새벽 세 시면 세 시, 네 시면 네 시… 모든걸 정리한 후에 또 다시 여섯 시가 되면 일터로 나가야 하는 고된 삶을 살아 내셨다. 그 싸움은 아빠가 돌아가시기 8개월 전 몸져 누울 때까지도 계속 되어야 했다.

나는 주일마다 먼 길을 오셔서 날 교회까지 인도해 가시는 한 권사님을 통해서 만나게 된 하나님의 이름을 부르며 숱한 나날들을 울었다. 얼마나 아빠가 미웠던지 아빠가 돌아가시던 날에도 난 그렇게 아빠의 죽음이 슬프지 않았다. '이제는 때가 왔구나', '우리 엄마가 조금은 편해지겠구나' 그런 생각뿐이었다. 그 때가 중학교 3학년 때의 일이었다.

그런 아빠가 몸져 누워 계실 때 엄마는 그런 남편이 밉지도 않은지 아빠를 살릴 수 있는 일이라고 생각하고 용하다는 무당을 찾아가 부적을 써서 붙여놓고는 했다. 나는 하나님을 뜨겁게 만나지 못했기에 그런 환경이 무서웠지만, 그 때는 엄마가 하는 일들이 아빠를 살릴 수 있을 거라 믿었다. 그런 내가 예수님을 뜨겁게 영접한 이후로는 엄마도 내 성화에 못 이겨 무당을 찾아가 부적을 받아 오는 일이 점점 줄어들더니 끝내는 그런 의미 없는 일을 하지 않게 되셨다.

예수님을 영접한 이후에 기도로 간구한 끝에 결혼하게 된 남편, 시댁은 믿음의 집안이고 남편 또한 모태 신앙인이었다. 그러나 책이야기 속 집사님의 간증처럼 남편이 주일날 하루 종일 교회에서 말씀도 듣고 봉사도 했으면 좋겠는데 주일날 대예배 한 번만 가볍게 다녀오길 너무나 바라는 사람이었다. 아이가 생기고 그 아이들이 교회 가는 것을 좋아하게 되면서 "아빠 우리 저녁 예배 같이 가자." 하는 아이들의 애교와, 저녁 예배를 함께 가지 않으면 부부 싸움의 이유가 되니깐 가고 싶지 않아도 그냥 따라 나서는 남편이 조금 더 교회에 깊숙이 들어 왔으면 하는 욕심이 생겼다.

목사님께서 "남자들은 교회에 나오는 것 자체가 믿음이 있어서다. 조금만 더 기다려 봐라." 하고 말씀하셨지만 가끔 나도 힘들고 지칠 때, 그 때 나를 신앙으로 이끌어 주는 사람이면 좋겠다고 욕심을 낼 때가 자주 있었다. 책 속 한 집사님의 이야기에서 신앙관이 너무 안 맞아 더 이상은 같이 살 수 없겠다 싶어 친정으로 아이들을 데리고 갔다는 그 부분에서는 나도 모르게 '좋겠다. 그렇게 짐 싸서 갈 친정이라도 있어서.' 하는 생각이 입 밖으로 나왔다. 신앙관이 맞지 않든, 부부 싸움을 했든 이제 나는 제작년에 엄마가 세상을 떠난 이후로 갈 친정이 없어졌기 때문이다. 그런 내게 군포 제일교회는 내가 결혼을 하고 나서 아이를 낳고 힘들고 우울했던 것들을 기도로 이겨 낼 수 있었던 곳, 내가 너무나 사랑했던 우리 엄마를 하나님 곁으로 보낼 수 있게 도와주신 제2의 친정이다. 이런 친정을 떠나게 될 위기에 놓이게 된 건 남편이 이직을 하게 되면서 멀어진 회사 때문이었다.

남편은 아침 저녁으로 왕복 두시간 넘게 걸리는 출퇴근 시간이 멀고 힘들다면서 굳이 산본에 정착 할 필요가 있느냐고 했지만 나에게 이 곳, 군포 제일교회를 떠나는 것은 심적으로 매우 불안한 일이다. 요즘 같은 교회 불신 시대에 살면서 건강한 교회를 찾기는 힘들고, 더욱이 건강한 말씀으로 건강하게 성도들을 키워주시는 목사님도 찾기 힘들기 때문이다.

어릴 적부터 신앙생활을 하면서 학창 시절에는 친구들과 노는 것이 더 좋아 교회에 가는 일을 중단했던 시기도 있었지만, 대개 내 신앙생활에 상처를 입었던 이유는 다름 아닌 목사님들의 말씀과 생활의 불일치였다. 그러나 아는 분의 소개로 정착하게 된 군포제일교회는 목사님의 성경 강해가 참 좋았다.

목사님 말씀대로, 때로는 쓴 것이 몸에도 좋다고, 강해 설교는 때를 따라 나를 건강하게 해주는 말씀중심이라서 참 좋다. 쉬운 말을 어렵게 하기는 쉽지만, 어려운 말을 쉽게 하기는 정말 어려운데, 그 어려운 성경 말씀을 쉽게 풀어 주시는 목사님의 설교를 들어야 나는 오늘도 살아갈 힘을 얻는다. 또한 말씀과 생활이 일치되는 것을 삶으로 보여 주시는 목사님이 계신 군포제일교회에서 내 아이들과 함께 나와 내 남편도 신앙생활의 뿌리를 깊게 내리고, 줄기도 키우고, 잎도 키워서 건강한 열매를 맺길 소원하고 있다.

목사님 말씀처럼 더 많이 눈물로 씨를 뿌려야 할 때 인 것 같다. 가끔은 인간적인 생각으로 많이 흔들릴 때도 있지만 『아비목회』란 책은 그런 면에서 나를 지탱해 주는 디딤돌이 되었다. 주님 앞에 더 많이 회개하고 인내하며, 가정 안에서도 주님의 향기를 나타낼 수 있는 현명한 엄마와 아내가 되길 오늘도 기도한다.

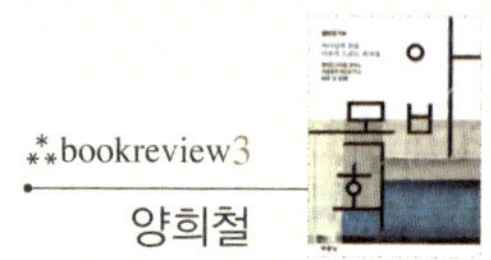

bookreview3
양희철

갓 밴 풀 냄새가 사방 가득히 피어오른다.

'붕 부우웅', 이산 저산에서 메아리치듯 울리는 기계음 속에 묻혀 나는 귀양살이 하는 선비처럼 묵묵히 갈고리질을 해댄다. 한낮의 해는 순식간에 머리 위로 솟았고 잘려나간 풀을 긁어모으느라 이마에서는 연신 땀방울이 떨어진다. 산소 주변은 벌초 나온 사람들이 만들어내는 오묘한 연대감과 갖가지 소음, 냄새와 색채가 한 데 어우러져 축축한 공기층을 형성하고 있었다. 그 너머 조금 떨어진 곳에 예초기를 유유히 돌리시는 아버지가 있다. '요즘 들어 갑자기 너무 마르신 거 같아서 걱정이네', 물 한사발로 한숨 돌리며 부쩍 수척해진 아버지의 어깨를 바라본다. 낡은 야구모자에 흠뻑 젖은 수건을 어깨에 두른 아버지를 보며 '아버지' 라는 한 사람을 생각한다. 그리고 특히 아들이라면,

인생의 질풍노도를 건너는 길목에서 오이디푸스처럼 아버지를 질투하게 될 것이고 또 그 '아버지' 라는 산을 반드시 넘어서고야 말겠다고 호언할 것이다. '아버지처럼 답답하게 살진 않을 거야' 라고. 그러나 풀은 마르고 꽃은 시들듯이 우리는 쉬 나이를 먹어간다. 아버지의 아들이 또 다른 아들의 아버지가 되었을 때야 비로소 세월이라는 광풍에 맞서 가족을 지켜내고 버텨온 위대한 아버지가, 그래서 수척하고 마른 아버지가 오롯이 보일 것이다. 바로 내가 그랬다.

난 『아비목회』를 읽으며 다시 아버지를 생각한다. 요즘 밖은 세월호 특별법 제정이라는 이슈로 떠들썩하다. 정치권은 '식물국회' 라는 오명까지 뒤집어쓰고 있지만, 이순신 장군의 명량해전을 다룬 영화는 천만 관객을 훌쩍 넘어서고 프란치스코 교황의 방한 일정은 가십거리를 소비하듯 연일 매스컴에 오르내린다. 무언가의 시시비비를 따지고 싶다기보다 일련의 사회적 현상들을 접하면서 그냥 '집에 아버지가 없다' 는 황망한 느낌을 먼저 받게 되는 것은 나뿐만이 아닐 것이다. 『아비목회』는 그래서 더 특별하게 다가온다. 시대와 이념을 관통하는 리더십을 발견하게 되기 때문이다.

『아비목회』는 군포제일교회에 속한 이천 명이 넘는 성도들과 그 가족, 그리고 담임목사님의 이야기다. 자기 교회 자랑만 늘어놓고 읽는 동안 공감할 꺼리를 찾아 헤매야 하는 뻔하고 진부한 몇 십 년사 스토

리가 아니다. 평범한 사람들의 체험적 신앙고백이 삶에 녹아든 현
재의 우리네 이야기다. 그래서 『아비목회』는 흥미롭고 힘이 넘친다.
『아비목회』에 담긴 담임목사님의 목회철학은, 동시대를 살아가는
독자에게 '진정한 리더와 리더십이 무엇인가' 를 곱씹게 하는 단순
하지만 강렬한 메시지를 던진다.

　담임목사님의 리더십이 특별한 점은 과연 무엇일까? 성도들을
'스승이 아닌 아버지로 만나준다' 는 것이다. "일만 스승이 있으되
아비는 많지 아니하니(고전 4:15)"라는 성경 속 바울의 철학으로 말이
다. 『아비목회』는 자기계발서가 아니다. 따라서 리더의 자질과 리더
십을 운운하지도 않는다. 하지만 담임목사님의 가르침은 입에서 나
와 지식으로 끝나는 것이 아니라 당신의 일거수일투족으로 신앙인
의 삶이 무엇인지 몸소 보여준다. 그리고 스승처럼 훈계하기보다 마
치 앞서 걸어가는 아비처럼 길을 보여주고 따라올 수 있도록 믿음과
기도로 기다린다.

　또 눈여겨볼 것은 '유행을 따르지 않는다' 는 점이다. 군중의 마음
을 흔들기 위해 미사여구나 최신 교수법을 좇기보다는 우직하게 성
경대로 가르친다. 구미에 맞는 상황별 가르침보다 성경을 처음부터
한구절도 빠짐없이 가르친다. 그리고 초등학생도 알아들을 수 있도
록 쉽게, 더욱 쉬운 언어로 가르치려고 노력한다. 그 안에서 참된 리
더의 변하지 않는 중심을 느낄 수 있다. 그 외에도 '친교보다는 예

배를 중심으로 모이라' 고 강조하고, '복지를 애써하려고 하지 말고 먼저 사랑하라' 고 가르치는 등 권태진 담임목사님의 섬김의 리더십을 다 나열하자면 끝이 없다. 36년의 목회를 두고도 여전히 개척교회 목사님 같은 분, 마치 아버지를 닮은, 시대가 요구하는 진실한 리더를 만나보고 싶다면『아비목회』를 한번 읽어보시길.

때는 꼭 옵니다

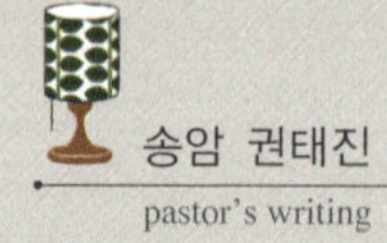

수리산에 오르면 활엽수와 침엽수의 조화가
아름다운 숲이라는 것을 새삼 알게 됩니다.

봄이면 색색의 꽃들이 피고 여름이면 나무들은 성성한 잎을 펼
칩니다. 솔바람만 스쳐도 반응하는 잎들의 몸짓은 사춘기 소년의
마음처럼 예민함을 느낍니다.

가을 지나 겨울이 오면, 나무는 하얀 눈드레스를 입고 한 잠을 자
더니만 태양의 사랑에 앙상한 알몸을 드러내고 서있습니다. 그
앙상한 나무들 사이에 돋보이는 푸름으로 겨울에 빛 보는 소나
무를 보면서 한 식당이 떠올랐습니다.

한창 중국산 식재료가 값싸게 쏟아져 들어올 때, 그 식당은 손님
의 건강을 생각해 국산을 고집했습니다. 비싸다고 외면하는 손님
들 덕에 주인은 신음했고 마음이 아팠습니다. 그러나 곧 중국산
식재료의 품질에 문제들이 제기됐고 건강을 우선했던 주인의 진
심이 겨울의 소나무처럼 사람들 눈에 드러나 호황을 누렸습니다.

환경을 이겨내기 힘에 부칠 때가 있나요? 울창한 세상 수풀에 가
려졌지만 역사의 희로애락의 사건을 주장하는 전능자를 믿고 더
디더라도 인내로 기다려봅시다.

때는 분명히 옵니다. 그 때를 위해 선한 마음을 품어보세요. 인생
의 겨울이 올 때도 낙원의 영광을 바라보면서 행복을 노래할 수
있도록 창조주의 능력을 입고 조금 더 견디어봅시다.

Part 2.

오늘도 저를
이끌어주세요

반석 위에 삶을 세워가는 이들의
신앙고백과 감사.

내 영혼에 햇빛, 비치다

주님 손잡고

봄의 상큼함 음미하기도 전
청춘의 계절 여름이 왔어요

반복되는 일상 속에
내 안의 말씀 활력소 되어
하루하루 살아갈 힘이 되어요

죽었던 나를
주님 살리셨으니
환경 이길 수 있는 은혜주시고
주님 주신 사랑으로
세상을 힘껏 껴안게 하옵소서

작은 소망 하나로 오늘을 살고
큰 희망 주셔서 내일을 준비해요

시들고 힘들어 아픈 육체지만
주님 내 손 잡고 함께 가자 하시니
당신 손 꼬옥 잡고 힘차게 가렵니다.

감사할 줄 아는 삶,

그것을 입술로 표현할 줄 아는 삶은 아름답습니다.

받은 은혜를 나눌수록 감사할 일이 생겨납니다. 사실 나는 감사할

모든 것을 받았습니다. 감사의 마음을 품고, 주어진 일에 최선을 다할 때

성공을 부르고 행복을 보장해 줍니다.

감사는 계절도 시간도 없습니다.

감사는 소유의 크기가 아니라 생각의 크기이고 믿음의 크기입니다.

소유에 비례하는 감사는 소유에 비례한 불평을 낳고 믿음의 감사는

조건에 매이지 않아 세상을 행복하게 하고 자신을 풍요롭게 합니다.

감사는 은혜를 아는 자와 섭리를 수용하는 자의 마음의 열매이며

사유의 방식입니다. 감사와 기도를 가르쳐 주시어 돌과 같이 굳었던

나의 가슴을 녹이시고 열어주신 하나님께 감사드립니다.

주님! 제가 받은 은총을 평생 잊지 않고 가슴에 품고 갈 수 있도록

오늘도 저를 이끌어 주세요.

올해도 걸어온 길을 뒤돌아보니 감사와 은혜의 한 해였고

지금의 모습에 어떠한 부족함과 어려움과 고통이 남아 있지 않습니다.

아름다운 아내와 눈에 넣어도 아프지 않는 귀한 자녀들,

또한 하나님을 그저 한없이 아버지라 부르는

어린아이 같은 나의 모습을 봅니다.

하나님! 나의 아버지 그리고 나의 아빠! 투정 부리며 불러도,

울먹이며 불러도, 기뻐하며 불러도 늘 변치 않고 답해주시는

나의 아빠 아버지! 사랑합니다. 그리고 감사합니다.

고백.

어느 날부터인지 모르겠습니다.

성경말씀을 읽고 어르신들과 예배를 드리면 내 귀에 들리는 '너는 그렇게 하고 있어?' 라는 말과 마음 속에서 울리는 '이중인격자' 라는 말이 나를 힘들게 하고 있습니다. 말만 앞세우는 바리새인과 같고 회칠한 무덤 같은 사람이 바로 나라는 사실이 지워지지가 않습니다. 기도하려고 눈을 감으면 평안함이 있다가도 가슴을 두드리는 방망이 소리가 나를 힘들게 하고 어디론가 사라지고 싶은 마음을 만들고 있습니다. 아무렇지 않게 여겼던 부분까지도 나의 목을 짓눌러 숨을 헐떡이게 만듭니다. 똑같은 환경이며 똑같은 나인데……. 무엇을 어떻게 해야할지 모르겠습니다.

여러 날이 지나고 성민원 직원수련회가 있었습니다. 한사람씩 돌아가며 이야기를 하고 저의 이런 마음을 말씀드렸습니다. "허허" 웃으시며 "홍집사가 이제 신앙성장이 있으려나 보다” 하시는 목사님의 말씀에 위로를 받고 다시 성민노인복지센터에서 예배와 함께 하루 일과를 시작합니다.

담임목사님의 설교집『주선된 만남』으로 말씀을 나누기 시작했습니다. 말씀을 듣는 어르신들의 눈은 밝아졌고, 질문에 대답을 하시는 것을 보고는 감사했습니다. 주님의 말씀을 전하는 사명이 얼마나 힘들고 어려운 것인지, 그리고 얼마나 귀한 것인지 다시금 깨닫는 시간이었습니다. 힘들이지 않고 내가 들은 말씀을 전할 수 있다고 생각하는 것이 얼마나 어리석으며 타인을 넘어지게 할 수도 있다는 것을 알게 되었습니다.

목사님의 말씀을 읽으며 함께 은혜를 나누고 듣는 나에게도 새로운 시간으로 다가왔습니다. 전에는 느끼지 못했던 것도 알고 느낄 수 있어 감사했습니다. ‘내가, 내가’ 하던 말이 이제는 ‘하나님이, 예수님이, 목사님이’ 로 변해 말하는 모습에서 나의 연약했던 모습을 인정하게 됩니다. 쓰임 받는 자체가 감사의 조건입니다. 교만한 저를 보는 계기가 되었고, 영혼이 얼마나 소중한지 깨닫게 되었습니다.

요즈음 태신자들을 품고 기도하며 주일날 예배 전에 만나기로 약속을 합니다. 여러 가지 핑계를 대거나, 아예 전화를 받지 않는 것을 보며 전도가 얼마나 힘든지 새삼 느낍니다. ‘내가 넘어지게 한 사람은 없는가?’ 라는 질문에 집안의 탕자인 내가 언어로, 행동으로, 안일함으로, 당연시 생각하는 것으로, 넘어지게 했음을 회개합니다. 강단에서 말씀으로 양육을 하시면,

감사함으로 행해야 하는데 그렇지 못해 고개를 들지 못하게 합니다.

'주님 용서하소서! 감각 없이, 감격 없이 믿음생활하며 빚된 생활을 하지 못함을 용서하여 주소서'

환경의 변화를 요구하기 전에 나를 드려 다메섹 도상에서 주님을 만난 사울이 바울이 된 것처럼 부족하지만 주님의 빛된 자녀로 살아가기를 기도해봅니다. 이제는 기도도 달라져야 한다는 마음의 소리가 들렸습니다. '주세요! 주세요!' 하는 것이 아니라 '주님이 원하시는 기도가 무엇인지?'를 생각하고 나 같은 사람을 써 주심에 감사하는 기도를 드려봅니다.

난 예수쟁이가
아니었다.

story 10

조은희

난 예수쟁이가 아니었다.

대대로 내려오는 불교집안, 미신을 따르는 집안에서 태어났다.

엄마는 힘든 일이 있을 때 마다 점을 보러 다녔고 점쟁이가 하는 말을 그대로 믿고 굿을 했다. 나는 매주 일요일이면 절에 가서 법회를 참석하고 불교학교를 다니며 사 월 초파일에는 연등을 들고 돌았다. 이런 내가 예수쟁이가 되는 일이 어찌 가능했을까? 그것은 하나님의 은혜요, 절대주권의 섭리였다.

중학교 3학년 말 즈음 고등학교 입학원서를 썼다. 시골에 살던 나는 작은 도시에 있는 학교에 원서를 냈다. 어떤 곳인지도 모른 채 담임선생님의 소개로 입학하게 된 학교, 그 곳에서 내 삶이 완전히 바뀌었다.

고등학교 입학 첫날, 교문을 들어서는 순간 학교 건물 외벽에 아주 큰 글씨로 '하나님은 사랑이시라'고 써 있는걸 본 순간 '아차! 잘못 왔구나.' 생각했다. 미션스쿨이었다. 그것도 그 지방에서는 기독교재단의 학교로서는 매우 탄탄한 학교였다. 되돌리기엔 이미 늦었고 3년 동안 이 학교를 어떻게 다녀야 하나! 근심이 시작되었다. 3년만 잘 참으면 된다. 아니, 될 것 같았다. 졸업만 하면 상관없겠지 생각하며 지냈다. 그런데, 1학기를 마치고 새롭게 시작되는 2학기 무렵 담임선생님께서 조용히 내 옆에 오셔서 "은희야, 학교 올 때는 너 손목에 찬 염주는 좀 빼고 오면 안 될까?" 하셨다. 이 때 까지도 난 등교할 때 손목에 분신처럼 절에서 받은 부처가 새겨진 염주를 차고 등교를 했다. 그날 이후 나는 염주를 집에다 놓고 학교에 다녔다. 그 때가 나의 인생에 있어서 우상을 내려놓는 순간이었다. 물론, 바로 교회에 출석한 것은 아니었지만 그때부터 찬송을 부르고 복음성가를 부르고 예배도 드렸다.

고등학교 2학년, 담임선생님을 따라 처음으로 교회 출석하던 날을 잊지 못한다. 그때부터 나의 신앙생활이 시작되었다. 하지만 그리 쉽지 만은 않았다. 불교를 믿는 집안에서 예수쟁이가 나오다니 감히, 할아버지 할머니 엄마 아빠 언니 온 집안 식구들이 난리가 아니었다. 교회에서 받은 성경책은 바로 아궁이에 던져졌지만 포기할 수 없었다. 새벽예배도 다니던 나를 지켜보던 할아버지는 "딸은 시집가면 남의 집 가문의 사람이니 괜찮겠지. 고등학교 졸업할 때까지는 어쩔 수 없으니까." 하시며 허락 아닌 잠시 보류를 해 주셨다. 한 집안에 두 종교가 있으면 집안 망한다는 소리를 들으며 시작된 신앙생활은 만만치 않았다. "예수에 미쳤어. 교회에 미쳤어. 교회에 가면 떡이 나오나 밥이 나오나……." 등 수없이 들었던 혀를 차는 말들.

하지만 하나님은 나에게 참고 견디게 하셨다. 힘들었지만 감사가 있었던 청년의 생활을 뒤로하고 지금의 남편을 만나 결혼하여 우리교회로 오게 되었다. 그러나 교회는 옮겨 왔지만 늘 마음은 고향땅을 향해 있었다. 청년시절 늘 고향이나 고향근처의 시골에서 살고 싶었고 그렇게 되리라는 굳은 믿음을 가지고 있었다. 하지만 나의 뜻 나의 의지와는 상관없이 하나님은 아브라함을 이끌어 내셨던 것처럼 나또한 하나님의 섭리로 군포까지 오게 하셨다. '하나님이 왜 나를 이곳에다 옮겨 놓으셨을까?' 늘 기도하고 생각했지만 알 수 없었다. 이런 생각, 이런 마음으로 우리교회에서 신앙생활을 하면서 지내던 중 하나님의 뜻을 발견할 수 있었다.

5년 전 육신의 연약함으로 인해 힘든 시기를 보낼 때가 있었다. 2주동안 잠을 한숨도 청할 수 없었던 불면증은 나로 하여금 괴로움과 두려움을 만나게 했었다. 계속되는 악몽의 연속 그냥 꿈이라고 하기엔 무서움과 스산한 기운마저 느끼게 했던 밤들, 잠을 청할 수가 없었다. 눈만 감으면 계속되는 악몽으로 인해 나의 몸은 계속 지쳐갔다. 이런 나의 사정을 전해들으신 담임목사님께서 전화를 주셨다. 전화로 기도해 주시면서 "이제 조집사가 우리 교인이 되었네."라고 하셨다. 그리고 매일 목사님께 문자를 보내라고 하셨다. '우리교인' 이라는 말씀이 무엇인지 하나님의 뜻을 알고 싶었다. '하나님은 왜, 나를 이곳에 보내셨을까' 라는 해답을 찾고 싶었다. 이 마음을 가지고 기도실에서 기도하기 시작했다. 그때 하나님은 나로 하여금 회개의 기도를 하게 하셨다. 이때까지 난 과거에 내가 우상을 섬겼던 죄를 회개한 적이 없었다. 태어나보니 그런 가정이었고 내 뜻과 상관없이 절에 다니게 되었고 내가 자라는 동안 아무도 나에게 하나님을 전한 사람이 없었다. 교회에 다녀보라고 말해 준 사람도 전도지를 한 장 건네준 사람도 없었고 수없이 교회 앞을 지나 다녀도 들어와 보라고 말해준 사람도 없었는데……. 나의 잘못은 아무것도 없다고 생각하는 순간, 하나님은 생각나게 하셨다. 아주 어린 유년시절, 기억조차 나지 않던 순간을 지하 기도실에서 떠오르게 하셨다.

시골 작은 교회 마룻바닥 아이들이 옹기종기 모여 앉아 찬양하는 모습, 예배당 입구에 놓여 있는 가지런한 흙 묻은 신발들. 여름성경학교 중이었다. 뒷집에 사는 교회선생님을 통해 딱 한번 가본 여름성경학교 이틀간의 영상이 나의 뇌리를 스치고 지나가는 순간이었다. 아, 난 교회에 간 적이 있었다. 이때까지 몰랐다. 하나님은 나를 오래전에 불러주셨는데 10여 년 간 잊고 다른 신을 섬겼던 나를 학교를 통해서 다시 한 번 불러 주셨구나. 감사와 통곡의 순간이었다. 많은 눈물로 회개하기 시작했다. 다른 신을 섬겼던 하나 하나의 행동들, 생각나는 모든 일과 무의식속에 남아있는 잔재들까지도 회개하는 심령으로 하나님 앞에 무릎을 꿇었다. 이제 내가 군포에 오고 우리교회로 인도하신 하나님의 뜻을 알 수 있다. 그것은 나를 너무도 사랑하는 하나님의 음성임을 하나님께서 나를 긍휼이 여기시는 마음이라는 것을 알게 되었다. 감사했다. 너무나 감사했다. 계속해서 고향땅에서 살았으면 영적으로 힘들었을 나를 평안한 곳으로 따뜻한 곳으로 이끌어주신 것에 감사했다.

하나님의 선하신 뜻을 알기까지 몇 년의 시간이 걸렸지만 그 시간으로 인하여 더 깊은 하나님의 사랑을 알기에 그저 감사할 뿐이다. 좋은 교회, 믿음의 교회, 건강한 교회에 속한 것이 얼마나 복된 일인지. 좋으신 목사님을 만나고 말씀을 듣고 믿음의 길을 갈 수 있다는 것이 이 세상의 어떤 만남보다 축복된 길임을 알게 하신 하나님께 감사드린다. 나의 삶의 여정에서 경험케 하셨던 모든 일들이 앞으로의 믿음의 길에 작은 씨앗이 되어 하나님이 기뻐하시는 복된 열매들로 가득하기를 기도해본다.

기도손

poem 5
강명희

세월 하나 얹어 놓은 손

고생 한겹 포개 놓은 손

주름 흔적 사방 패인 손

굵은 매듭 볼록 담아낸 손

슬픈 마음 눈물 닦아낸 손

인생 무게 너무 무거워

두 손 모은 기도손.

선교원 때문에
모든 게 달라졌어요

story 11

박수정

저는 초등학교 2학년 된 딸아이와 둘째 아이를 임신 중인 워킹맘이에요. 직장 생활하느라 살림하느라 하나님을 늘 뒷전에 밀어두다가 하나님께 제대로 혼줄 나고 정신 차려서 다시 주님 안에서 살게 되었어요.

저희 딸아이가 선교원 처음 오던 날이 생각나네요. 딸아이가 다니던 어린이집이 갑자기 문을 닫는 바람에 당장 갈 곳이 없어 발을 동동 구르며 직장 근처 어린이집을 찾고 있었어요. 다행히 같은 직장 선배 친구 분을 통해 군포제일교회의 제일선교원을 소개받고 상담 받으러 갔어요. 처음 만난 선생님이 무척 자상해서 좋았고 저도 교회 안에서 자랐는지라, 교회 안에 있는 선교원이라는 것도 맘에 들었지요. 딸아이가 분리 불안감이 심할 때라 어린이집 보낼 때마다 선생님을 먼저 보게 되더라구요.

아빠 일 때문에 이사를 자주 하게 되고 제가 직장생활 하느라 늘 남의 손에 자라고 게다가 일명 '팔삭둥이' 였던 딸은 조기진통에 제대로 먹지도 못하고 태어났지만 감사하게도 인큐베이터 신세는 지지 않았어요. 다만 호흡기 계통이 좋지 않아서 태어나서부터 선교원 입학하기까지 항생제를 달고 살았어요.

하지만 선교원을 다닌 후로 우리 아이의 건강은 몰라보게 달라졌어요. 항생제와 약을 끊게 된 딸아이로 인해 저희 부부가 다시 믿음을 회복하는 계기가 되었어요. 하나님께 매번 혼나면서도 깨닫지 못했어요. 집안은 기울고, 부모님이 다치시고, 결혼하고 남편 일이 틀어지고, 결국 제가 크게 아프고 나서 권태진 목사님의 기도를 받은 후에야 깨달았어요. 딸아이가 아플 때 선생님은 저를 권태진 목사님께 데려가 기도를 받게 도와주셨어요. 가까이서는 처음 뵌 목사님 앞에서 전 너무나 당황했고 고개도 못 들고 하염없이 눈물이 흘렸어요. 목사님께서 기도해주실 땐 제 머리에 손을 대신 것도 아닌데 무척 뜨겁고 아팠어요. 그리고 돌아오는 길에 탈진할 것처럼 기운이 빠지고 구토 증세가 생겼어요. 그 날은 정말 이상했어요.

사실 교회 안에 들어서면 속이 답답하고 몸이 무겁고 졸렸어요. 그래서 교회 가는 걸 싫어했고 자연스럽게 하나님과의 거리는 멀어졌었어요. 하지만 목사님의 기도 후 제 몸은 건강을 회복했어요. 뿐만 아니라 믿음까지 회복시켜 주셨어요. 저희는 부모님들의 바램으로 제가 자라난 교회에서 목사님 주례로 결혼식을 올렸던 부부였는데 여러가지 사정으로 8년간 교회를 출석하지 않았어요. 그러다보니 매일같이 싸우게 되고 저와 딸아이의 건강 걱정으로 정말 사는 게 사는 것 같지 않았어요.

하지만 딸아이가 선교원에 입학한 후 저희 부부는 모든 게 달라졌어요. 선교원과 비전의 교실에 딸아이가 다니려면 엄마 아빠가 교회를 열심히 다녀야 한다고 했더니 신랑도 협조를 잘 해 주었어요. 또 첫 딸을 낳은 후 건강이 좋아져 둘째까지 임신하게 되었어요. 이젠 주일도 잘 지킨답니다. 제겐 신기하게 모든 상황이 변하게 되었어요.

우리교회에 출석할 때부터 지금까지 늘 옆에서 엄마처럼 챙겨주시고 기도해주신 권사님, 그리고 어렵고 힘들었던 딸아이 성장에 큰 힘이 되어주신 선교원 선생님, 둘째 임신소식에 가족처럼 기뻐하고 축하해주시고 챙겨주신 우리 구역식구들, 무엇보다 제게 주님과 다시 만날 수 있게 도와주신 권태진 담임목사님께 감사를 드립니다.

그리고 또 이런 저를 끝까지 기다려주신 주님, 너무나 감사드립니다.

붙어만
있으세요.

　귀하고 좋으신 목사님과 사모님이 계신 우리교회에서 신앙생활하게 하신 하나님께 먼저 감사와 찬양을 드립니다. 2014년 전반기에 전도의 열매가 없어 회개하는 마음으로 후반기에는 꼭 열매 맺는 믿음을 갖기 위해 기도합니다. 전에는 두 아들을 잘 키웠다고 자랑했지만 목사님의 말씀을 들을 때마다 믿음으로 키우지 못하고 세속 중심으로 키웠음을 깨닫고 회개합니다.

　두 아들의 가정이 믿음으로 세워지게 하실 것을 믿으며 소망으로 기도합니다. 말로 잘 표현하지 못하고 말씀을 들어도 잘 잊어버리는 저에게 구역장의 사명을 주시고 귀한 구역식구들을 주셔서 기도하게 하시고, 말씀읽게 하시고, 함께 은혜입게 하시는 하나님께 감사드립니다.

에스더 성경공부를 할 때 목사님께 남편과 이혼해야 하겠다고 말씀 드렸을 때 참고 살아보라고 하셨지요. "속 썩여도 좋으니 붙어만 있어라." 하신 말씀에 순종하는 마음으로 지내려했지만 초창기에는 자주 다투는 일이 많았습니다. 시간이 지나면서 다투는 횟수가 줄어들었고 남편도 저도 항상 말씀을 믿고 인내하며 기도하니 남편을 이해하게 됐고 사랑하는 마음이 조금씩 생기게 되었습니다. 남편도 목사님의 말씀을 듣고 조금씩 변해가는 모습을 보게 되었습니다.

수년 전 남편이 공인중개사 자격증을 땄지만 개업을 할 형편이 되지 못했습니다. 하지만 하나님께서 자격증을 따게 하셨으니 꼭 사업도 하게 하실줄 믿고 기도하며 준비했는데 최근에 저희의 형편에 딱 맞는 사무실을 구해서 개업하게 하셨습니다. 남편은 처음 몇 주간은 연약한 믿음으로 주일에도 출근했습니다. 그러나 일들이 잘 성사되지 않자 저는 믿음을 가지고 주일날 사무실에 나가지 않게 해달라고 기도했고, 남편은 주일에 예배드리는 일에 힘쓰게 되었습니다. 지금은 연보위원으로까지 헌신할 수 있게 해주심에 감사를 드립니다.

이제는 사업장을 통하여 복음을 전하며, 하나님께 영광돌릴 수 있는 사업장이 되기를 원하고 기도합니다. 남편이 하나님께서 사업장을 이끌어가시는 것을 볼 수 있는 믿음이 되기를 소원하며, 저는 곁에서 기도하며 살아가기를 원합니다.

story 13

김혜남

자녀들에게 부모의 사랑과 관심이 가장 필요할 때, 직장 다닌다는 핑계로 잘 챙기지 못해서인가! 어린 아들은 학교가 끝나면 집으로 곧장 오는 일이 없었고 늘 밖에서 이 친구, 저 친구 돌아가며 만나서 늦게까지 놀다가 밤 8시, 늦을 땐 9시나 돼서야 집으로 돌아왔다. 아직 초등학교 2학년에 불과한데……. 직장엘 나가도 학교에서, 집에서 수시로 걸려오는 전화에 '오늘은 얘가 또 무슨 사고를 쳤나?' 늘 불안하고 초조한 마음으로 하루하루 버티다가 2년여쯤 되었을 때, 도저히 이런 삶은 지탱해갈 수 없다는 생각에 13년 동안 다닌 직장을 그만두었다.

퇴사를 결심한 초겨울, 회사에서는 해마다 연말연시면 부서별로 이웃을 돕는 행사를 진행하는데 그때 마침 나눔 행사의 기획을 담당하게 되었다. 불현 듯 담임목사님께서 몇 달 전부터 예배 후 광고 때마다 외국인무료진료소의 계획에 대해 말씀하셨던 것이 생각났고, 우리교회에 설립될 외국인무료진료소를 돕는 일에 성금 및 헌혈증을 기부하는 기획안을 포함해 두 개의 기획안을 올렸다. 하나님의 인도하심이었을까? 안 될 것 같았던 외국인무료진료소를 위한 기획안이 채택되었다.

그 뒤로 모든 일은 순탄했다. 각 파트별로 헌혈을 하러 직접 헌혈의 집에 가야하는 시점에 회사에 헌혈의 차가 들어오는 참 좋은 타이밍을 주시기도 했다. 그렇게 모아진 성금과 헌혈증을 기부하는 날 아침, 부장님들과 함께 교회에 와서 담임목사님을 뵈었다. 감사인사와 증정식이 끝난 후 따뜻한 이야기들이 오가는 도중, 담임목사님께서는 갑자기 나에게 회사 그만두면 뭐 할건가? 물어보셨다. 그리고는 "자녀들 돌보려구요……." 작은 소리로 머뭇거리던 나에게 외국인무료진료소가 문을 열면 회계를 맡아보는 게 어떻겠냐고 하셨다. 나는 교회 일에 앞장서고 열심히 봉사하던 사람도 아니었고 교회에 대한 사랑도 많은 사람이 아니어서 망설여졌다. 그런데 무슨 마음이었는지는 지금도 알 수 없지만 '내가 할 수 있는 것 안에서 순종해야겠다' 라는 생각이 들었다.

그 뒤로 외국인무료진료소가 성민힐링클리닉이라는 예쁜 이름을 붙이고 개소할 때, 봉사자 관리와 회계를 담당하게 되었고 이후에도 시간이 날때마다 교회에 와서 이일저일 봉사를 시작했다. 언제부턴가 늘 불안하던 내 마음은 평안해졌고, 밖으로 돌던 아들은 학교가 끝나면 집으로 곧장 와서 엄마가 만들어준 간식을 먹고 매일 엄마와 함께 비전의 교실로 간다. 아들

이 방과후 활동을 하는 동안 나는 교회 손길이 필요한 어느 곳이든 출근 도
장을 찍는다.

　교회에서 봉사하게 된 이후, 우리가족의 변화된 모습을 보면서 그때 만
일 내가 기부금을 전달하러 가지 않았고, 담임목사님의 말씀에 순종하지
않았다면 지금 우리 가정은 어떨까 생각해본다. 나만 잘났고 나만 고생한
다고 생각하며 매일 불행한 생각을 하며 지내고 있지 않을까 싶다. 교회에
잘 들어올 수 있도록 인도해주신 담임목사님, 함께 봉사하고 일하는 성도
여러분들에게 감사하다.

　아직 성민힐링클리닉이 많이 알려지진 않았다. 하지만 앞으로 성민힐링
클리닉이 무료진료가 필요한 외국인들 뿐 아니라 우리 성도들의 건강을
돌아보고, 의료처방이 필요한 시골마을 및 해외로 나가 복음과 힐링을 함
께 전하는 의료선교를 할 수 있기를 꿈꾼다. 의료의 손길이 필요한 곳에 한
발 한발 다가설 때, 모든 성도들의 관심과 후원 그리고 봉사자들을 위한 기
도가 끊이지 않기를 소원해본다.

**story 14
최충만

두 번의 수험 생활을 겪은 2년이란 기간은 저에게 많이 어려웠던 시간이었습니다. 첫 번째 수능을 치른 후 진로를 결정해야할 때, 꿈이 없이 앞만 바라보고 나갔던 저에게 참으로 난감했던 시기였습니다. 선생님들과 여러 번 상담을 하고 고민한 끝에 수능 점수에 맞춰 의예과와 수리통계학과에 지원하게 되었습니다.

결과가 발표되는 날, 어느 대학의 의대에 합격했지만 자존심 때문에 명문대인 서울대 수리통계학과에 등록을 했습니다. 좋은 대학에 진학을 하게 되었지만 꿈에 대한 큰 열정이 없었기 때문에 학업에 대한 열정도 점차 식어져 갔습니다.

그러던 어느 여름날이었습니다. 흰돌산 기도원에서 교회 수련회가 있던 중 '하늘의 특별 검사'라는 다소 재밌고 특이한 주제로, 한 장로님의 간증을 듣게 되었습니다. 검사로서의 역할에 충실하고 그 가운데서 만나는 이들에게 복음을 전파할 뿐만 아니라 하나님께서 자신을 법대에 보내버리셨다고 표현하실 정도로 겸손히 하나님께 영광을 돌리는 장로님의 한 마디 한 마디가 제 가슴을 뜨겁게 하였습니다. 학업의 열정이 식어 반수를 해야 할지 고민하고 있던 저의 마음을 단번에 허무는 듯한 간증이었습니다.

이분과 같이 많은 사람들에게 도움을 주며 복음을 전하고 하나님께 영광을 돌리는 삶을 사는 것이 진정 의미 있는 삶이라는 것, 그리고 그럴 수 있는 직업을 택해야 한다는 것을 곰곰이 생각하면서 의사의 길을 가야겠다는 결심을 굳혔습니다.

이후 마음의 확신을 가진 저는 바로 2학기 휴학 신청 후 재수 학원에 다니게 되었습니다. 그런데 그곳에서 이상하게도 점점 성적이 떨어지고 게다가 신앙적으로도 크게 시험에 들고 마음이 힘들어서 반수 생활의 성공마저 확신할 수 없었습니다. 마지막 모의고사마저 만족스럽지 못한 성적을 받고 불안한 마음으로 수능 날을 맞게 된 저는 너무나 막막했습니다. 그때는 하나님께 간절히 기도하는 수 밖에 없습니다. 주님을 위해 온 삶을 드려 살겠사오니 주님이 원하시는 대로 인도하시기를 간구하면서…….

그리고 시험 당일, 왠지 모르게 떨리지도 않았고 자신감도 생겼습니다. 시험 치르는 내내 기도로 함께 하시는 어머니, 수험생들을 위해 기도하시는 성도님들, 수험생활 동안의 신앙적 고민과 학업의 힘겨움을 덜어주시기 위해 대화를 나눠주시고 위로해주신 담임목사님의 기도가 저에겐 큰 힘이 되었습니다. 그렇게 약 7시간 동안의 시험을 마친 저는 하나님께 모든 걸 맡기고 내려놓았습니다.

하나님께서는 저를 서울대 의대생으로 보내주셨습니다. 반수 당시 힘들었지만 끝까지 하나님만을 바라보고 나아갔던 것이 지금은 내심 뿌듯합니다. 그리고 친구들과 담임목사님을 비롯한 많은 성도들의 기도가 너무나도 소중하다는 것을 느꼈습니다.

하나님께서는 어떤 방식으로든 주의 자녀들을 이끌어 주신다는 기쁜 비밀을 이제야 볼 수 있었습니다.

이끄신 것을 감사하며 이후 있을 모든 삶도 주님께서 인도해주실 것을 바라며 또다시 저는 주님의 계획을 기대하며 살아갑니다.

감사의 눈물

1989년, 지금은 권사님이 되신 한 집사님의 권유로 우리교회에 처음 출석하게 되었습니다. 당시 아들은 2살이었고, 남편은 교회에 다니지 않는 상태였습니다. 나의 기도제목은 늘 남편이 예수님을 영접하고 교회 나오는 것이었습니다. 담임목사님, 사모님께서 남편을 위해 정말 끊임없이 기도해 주셨고 나 또한 남편의 구원을 위해 눈물을 흘려가며 간절한 기도를 드렸습니다.

1990년, 빨간 벽돌교회 당시의 어느 날 남편이 목사님을 만나고 오더니 그날부터 담배와 술을 끊고 신앙생활을 하기 시작했습니다. 남편이 신앙생활하는 모습을 볼 때마다 하나님과 담임목사님께 늘 감사기도를 드렸습니다. 기도에 응답주신 하나님, 찬양합니다.

이후 남편이 다니던 회사가 부도가 나서 어려운 환경이 계속되고 있었습니다. 어느 날 담임목사님께서 기도제목이 무엇이냐고 물었습니다. 저는 남편이 공무원이 되는 게 기도제목이고 소원이라고 말씀을 드렸습니다. 그래 그럼 기도해보자 하시고 함께 기도해주셨습니다. 하나님께서는 담임목사님과 나의 기도를 들어주셔서 1993년도에 남편이 그 바라고 바라던 공무원이 되었습니다.

그러나 하나님께 받은 많은 은혜를 잊어버리고, 기도하지 못함으로 인해 어려움이 찾아오기 시작했습니다. 시댁과의 갈등과 고통스러운 일들, 눈물을 흘릴 일들이 많이 일어났습니다. 기도하지 못하니 또 다시 태풍이 찾아왔습니다. 그럴 때마다 담임목사님 사모님은 나를 위해 가정을 위해 아비와 같은 마음으로 기도를 해주셔서 잘 인내할 수 있었습니다.

2001년, 많은 사랑을 받는 위치에서 어느 순간 시험이 들었습니다. 일하기 싫고 멀리 떠나 버리고 싶었습니다. 결국 남편을 설득하여 교회를 떠나 이곳저곳 방황하게 되었습니다. 남편은 말없이 아내인 나를 따라와 주었습니다. 지금 생각하면 너무 미안한 마음이 듭니다. 방황하던 시기라 그런지 육신적으로도 많은 고통이 찾아왔고 죽음의 문턱까지 가고 있었습니다. 다른 교회에서 말씀을 들어도 늘 우리교회 목사님의 말씀이 생각나고 그리워서 견딜 수가 없었습니다. 2년여의 방황을 하다가 집나간 탕자가 되어 다시 돌아오게 되었습니다. 그 당시 담임목사님의 목소리만 들으면 아니 한번이라도 만나면 이 모든 육적, 영적인 고통이 사라질 것 같은 간절함이 있었습니다. 어느 날 '정말 도저히 안 되겠다. 내가 살고보자' 는 마음으로 담임목사님께 전화를 드렸더니 기다리라고 하시며 나를 만나러 오셨습니다. 그때 회복을 위해 기도해주셨는데 주님이 담임목사님을 통해 나를 만나 주심을 잊을 수가 없습니다. 나의 모든 병은 깨끗이 치료가 되고 회복이 되었습니다. 모두가 하나님의 은혜임을 고백합니다. 그 이후 나의 신앙생활은 더욱 든든한 반석 위에 서 갔습니다. 담임목사님 사모님의 기도 배경에 따라 남편은 교회에서 안수집사의 직분을 받아 더욱 열심히 신앙생활하고 있고, 아들은 대학을 졸업하고 취업준비를 하고 있었습니다. 이 모든 것이 주님의 은혜요 담임목사님 사모님의 기도 덕분이었습니다.

2011년 10월, 또 다른 시련이 찾아왔습니다. 왼쪽 가슴에서 피가 나 며칠 후 남편과 함께 산부인과에 가서 초음파 검사를 했습니다. 담당 의사는 검고 넓게 퍼져있는 부분을 보여주며 암이든 아니든 가슴절개 수술이 필요하다고 했습니다. 수술을 위해 입원해 있는 동안 담임목사님께서는 여러 차례 전화로 기도해 주셨습니다. 기도를 받고 난 뒤 마음이 평안해지면서 나을 것이라는 확신을 갖게 되었습니다.

일주일이 지나서 가슴의 조직검사결과 암이 아니라 유방낭종으로 판명이 되었습니다. 주님의 은혜와 목사님의 매일매일의 기도가 응답이 되었다고 느껴졌습니다. 입원해 있으면서 수술을 하고 회복하는 과정에서 담임목사님께서 성경을 많이 보라고 하셨습니다. "항상 기뻐하라 쉬지 말고 기도하라 범사에 감사하라"는 말씀을 늘 묵상하며 회복하는데 열심을 내었습니다. 또한 나 자신에 대해서 회개를 많이 했습니다.

　퇴원 후에는 공황장애와 불면증 때문에 힘든 시간을 보내야만 했습니다. 그런 중에서도 하나님의 말씀과 담임 목사님의 끊임없는 기도가 힘이 되어 3개월 정도 지나게 되니 조금씩 예전의 체력으로 돌아오기 시작했습니다. 체력이 돌아오게 되면서 나에게 맡겨진 사명도 감당할 수 있게 되었습니다. 그 동안 신앙생활을 하면서 나를 힘들게 하고 마음 아프게 했던 사람들을 정죄하고 나쁘게 생각하고 있었지만 회개를 통해서 다시금 자신을 돌아볼 수 있었습니다. 주님의 사랑과 담임목사님의 사랑을 경험하고 나니 나를 힘들게 했던 그 분들이 더 이상 밉게 느껴지지 않고 소중하게 느껴지게 되었습니다. 내게도 담임목사님처럼 주님이 주시는 하나님 사랑하고 사람 사랑하는 마음이 들어와 있나봅니다.

　사랑하는 교회와 담임목사님을 통해 몸과 마음을 모두 회복시키신 놀라우신 하나님께 오늘도 눈물로 감사의 기도를 드립니다.

가을의 행복한 여인

백향숙

아!
가을은 솔직하고 아름답습니다

봄, 여름 동안 열심히
땀 흘리며 씨 뿌린 농부에겐
풍요로운 감사의 마음을
게으른 농부에겐
한숨과 후회의 마음을 줍니다

더운 여름동산 우리에게
시원함을 안겨준 파란 나뭇잎들도
이제 아름다운 색색의 옷으로 갈아입고
나를 행복하게도 하며
고독하게도 합니다

그렇지만,

이 모든 행복과 고독

풍요로움과 아름다움을 감사할 수 있도록

은혜 베풀어 주신

주님의 사랑으로

나는 행복한 가을의 여인이 됩니다.

나의 길
오직 그가 아시나니.

사법시험 2차 합격자 발표 전날이었습니다.

한 청년이 낯선 교회에 들어가 예배당 안 십자가 아래에서 진심으로 기도를 드립니다. "저는 부족한 사람이지만, 저에게 기회를 주신다면 주 안에서 항상 겸손하고 착하게 살아가겠습니다. 저에게 기회를 주세요."

이제 그 청년이 감사의 마음을 담아 글을 써보려 합니다.

저는 권사님과 집사님의 아들이자 군포제일교회 청년부 소속인 전태진 청년입니다. 어릴 적 제일선교원도 다녔고, 학창시절엔 주일학교와 학생부도 다녔습니다.

저는 사실 어렸을 때부터 법조인의 꿈을 키웠던 것은 아니었습니다. 군 제대 후 뭔가 큰 일을 해보고 싶은 마음에 대학에 진학하였고, 사법시험에 도전했는데 이번에 합격이라는 좋은 결과로 이어졌습니다.

저는 대학입시, 사법시험 등 수험기간 동안 우리 교회를 떠나서 생활했습니다. 그동안 힘든 일도 즐거운 일도 많이 있었습니다. 작년 합격자발표 날 불합격이라는 소식에 미래에 대한 불안, 자신에 대한 믿음의 부족, 가족 친구 및 기도해주신 분들에 대한 죄송함과 미안함, 세상에 대한 원망이 떠올랐습니다. 하지만 힘들다고 주저앉으면 달라지는 것이 없다는 생각에 현실을 극복해 보고자 했습니다. 합격하리라는 믿음을 가지고 스스로 계속 채찍질하며 기도를 드렸습니다. 그렇게 3번째 사법시험 1, 2차 시험을 치뤘습니다.

돌이켜보니 합격 여부를 떠나 1년 동안 저를 더 단련하신 것 같아 의미 있는 시간이라 생각합니다. 저에게 시련을 주시어 저를 더욱 성장하게 해주신 주님께 감사드립니다.

아울러 현재의 아픔과 슬픔이 나를 단단하게 만들어 주고, 이를 통해 성장할 수 있다는 것을 다시 한번 체험하게 되었습니다. 저는 대학입시나 취업 등 진로에 대해 고민하는 것이 당연한 것이고, 이에 대한 준비도 힘든 것이 당연하다고 생각합니다. 공부든 무엇이든 어렵겠지만 조금 해보고 포기하지 말고 열심히 해 보는 것이 좋은 것 같습니다.

끝으로 다시 한 번 감사의 인사를 드릴까 합니다. 우선 항상 저를 지켜주시고, 좋은 방향으로 이끌어 주신 하나님께 감사드립니다. 또한 저희 가족뿐 아니라 담임목사님, 사모님 그리고 성도님들 모두가 관심을 가져주시고 기도해 주신 것 너무나도 감사드립니다. 더 크게 성장하여 주님의 일꾼이자 우리교회의 일꾼이 되어 열심히 일하도록 하겠습니다. 기회 주신 것에 감사하며 주 안에서 하나님의 자녀답게 겸손하고 착하게 살겠습니다.

부모가
된다는 것.

story 17

김미경

『아비목회』 책을 구입하기 위해 종로까지 직접 달려갔습니다.

집으로 오는 지하철에서 단숨에 읽어 내려가면서 많은 사람들의 시선도 부끄럽지 않을 만큼 은혜와 충격에서 흘러내리는 눈물을 주체할 수 없었습니다. 책을 읽으면서 어찌 그리도 뜨거운 눈물이 뺨을 타고 내리던지……

우리 가정도 몇 번의 사업 실패와 잦은 이사로 육체적, 정신적 고통을 아이들에게 그대로 보여주고 나만 힘들다고 아우성을 칠 때였습니다. 구역원들에게도 좋은 모습을 보여 주지 못했고 그 와중에 교사도 그만 둘까를 마음속으로 수없이 고민했습니다. 책을 통해 다른 가정들의 아픔을 보면서 나만 힘들다고 떼를 쓴 것이 부끄러웠습니다.

네 명의 아이들을 키우며 일을 하다 보니 어떻게 생활하고 있는지도 모르게 하루하루가 정말 빠르게 지나갔습니다. 부모의 역할을 제대로 하기란 정말 어려웠습니다. 부모가 된다는 것은 얼마나 많은 인내와 사랑과 희생이 요구 되는지, 생활이 어렵다 보니 더욱 뼈저리게 느껴졌습니다. 어떤 아이는 힘이 되기도 하고, 어떤 아이는 기도의 제목이 되기도 하고, 어떤 아이를 통하여는 기쁨을 얻기도 하고, 또 다른 아이를 통해서는 희망을 갖기도 합니다.

이 책은 많은 가정들이 모인 우리교회가 건강한 교회라고 자랑할 수 있는 교회가 되기까지 36년간을 돌이켜 보게 합니다. 우리 담임목사님과 사모님의 헌신과 눈물과 사랑과 인내가 그대로 전해졌습니다. 주일이 되면 일찍 일어나서 교회 가자고 재촉하는 아이는 늘 기도하면서 순종했을 무렵에 태어난 아이입니다. 교회에서 무언가 같이 하자고 연락이 오면 늘 핑계를 댔던 저의 모습은 요사이 교회를 멀리하는 아들 녀석이 꼭 닮아서 마음을 아프게 합니다. 그러면서 아들에게는 교회 가지 않는다고 어찌나 화를 냈던지……. 큰 소리 칠 때가 너무나 많아 반항 아닌 반항으로 메아리쳐 되돌아오곤 하는 것을 보며 제가 얼마나 어리석었는지 가슴을 칩니다.

저를 기다려주시고 늘 뒤에서 기도해주시고 붙어만 있으라고 하신 목사님의 말씀이 이제야 생각나는 걸 보면 부모가 되려나 봅니다. 요사이는 교회에 안 다니는 남편을 위해, 가끔 주일을 빼먹는 아들을 위해, 기도의 분량을 늘려서 기도하고 있습니다. 목사님이 저를 기다려 주시고 늘 기도해주신 것처럼 저도 인내로 기도로 주님께 의지하며 노력하고 있습니다. 이젠 생활이 힘들다고 남편한테 화도 안 내고 아들에게는 고맙고 감사하다고 가끔 문자 메시지도 보냅니다.

오늘도 아들은 저의 기도 제목이 됩니다. 남편은 저의 소망이 됩니다.

에스더 성경공부로
신앙의 기본을 배우다.

늘 따뜻하게 맞아주시던 어느 권사님의 권유로 에스더 성경공부를 시작하게 되었습니다. 기대 반 설렘 반으로 첫 성경공부를 가지던 날, 우리 교회에 오래 출석하셨던 분도 계셨고 새신자들도 있었기 때문에 서로 어색하기만 했습니다.

목사님의 인도로 한 명씩 자신을 소개하는 시간이 되자 남들이 알지 못하는 자신만의 문제로 힘들어 하시는 분들도 계셨고 가끔 눈물을 흘리시는 분도 계셨습니다. 저 또한 그랬습니다.

성경공부를 거듭하고 성도들 간의 교제가 깊어질수록 처음엔 내놓지 못했던 고민과 문제들을 함께 나누고 서로 공감하는 시간을 가질 수 있었습니다. 또한 목사님의 명쾌한 해답과 인도가 많은 힘과 위로가 되었습니다.

자신들이 가지고 있었던 신앙적인 고민, 사람들과의 갈등, 자신도 미처 몰랐던 상처들. 함께 얘기를 나누며 당사자만 회복되는 것이 아니라 동일한 문제로 고민하던 사람들 또한 함께 해결 받고 회복되는 시간이었습니다.

사람들은 누구나 자신의 문제가 세상에서 가장 심각한 문제처럼 여겨지고 때로 그로 인해 죄책감을 가지게 될 때도 있습니다. 하지만 그 문제를 내어 놓고 다른 사람들의 눈을 통해 객관적으로 바라볼 때 그 문제는 자신만의 문제가 아닌 어느 누구나 가질 수 있는 사소한 문제일 수도 있다는 것을 깨달았습니다.

제가 성경공부 과정을 통해 가장 크게 깨달은 바가 바로 이것이었습니다. '왜 나만…….' 이라는 의문에 대한 해답을 얻게 된 것입니다. 오랜 신앙생활로 오히려 자만하고 그저 지식으로만 알고 있을 뿐 놓치고 있었던 신앙의 기본에 대해 배울 수 있는 시간이 되었고 가정을 세우는 지혜도 목사님의 말씀을 통해 깨닫게 되었습니다.

에스더 과정을 통해 우리 교회의 사역과 사명에 대해서 그리고 우리 목사님이 어떤 분이신가를 알게 되었고 좋은 성도들을 만나게 되어 하나님께 진심으로 감사를 드립니다.

『목회 속에 피어나는 복지』를 읽고.

bookreview4

이원순

　　에스더 성경공부 두 번째 날이 지났는데도 여전히 성경공부의 분위기에 적응이 되지 않았다. 목사님께서 질문하실 때마다 나는 긴장의 연속이었고 다른 분들의 이야기를 들을 때마다 '와, 진짜 말들 잘하신다.' 라는 생각에 더욱 주눅이 들어 성경공부가 기다려지지 않았다. '차라리 토론하지 말고 교재를 가지고 목사님께서 말씀 전하시면 얼마나 좋을까? 신앙생활 하는데 단순하게 하면 될 것을 뭐 이리 복잡하게 할까?' 생각하며 나 스스로 힘들었다. 그러면서도 성경공부를 통해 교회의 깊이와 목사님의 신앙철학을 파악해야만 신앙 생활하는데 힘들지 않고 감사할 수 있을 것이라 믿었다.

　　『목회 속에 피어나는 복지』를 읽으면서 내 마음이 열리기 시작했다. 한 장 한 장 넘겨 가다보니까 밤이 새는 줄도 모르고 눈물과 감동으로 다 읽어 버렸다. 그동안 목사님에 대한 안 좋았던 생각들이 완전 사라지는 순간이었다. 들었던 소문들이 그 사람들만의 오해였음을 깨달았다. 보이지 않게 뒤에서 내조하시며 기도하시는 사모님을 본받아 나도 드러나지 않게 기도해야겠다고 생각했다. 하나님께서 오늘이 있게 하시려고 여러 가지 환경 속에 우리 목사님을 단련시키셨다는 생각이 들었다.

하나님께서 목사님을 통해 일하고 계시다는 생각에 우리 목사님에 대한 마음을 돌이키게 되었다. 우리 목사님께서는 복지 때문만이 아니라 어르신들이 어찌 살아왔든 간에 구원받지 못하고 그냥 가신다면 슬픈 일이라고 생각하신 것 같다. 사랑도 실천하시고 구원에 목표를 삼아 행하는 이 복지야말로 그리스도의 사랑을 실천하는 일이라 생각한다.

내가 이 책을 제대로 보지 않았다면 이 모든 것이 목사님이 행하신 일인줄만 알고 믿음이 가지 않았을 것이다. 그동안 믿음의 눈으로 보지 않고 세상의 눈과 귀로 바라보았던 것을 하나님께 회개하며 겸손한 마음으로 신앙생활을 해야겠다. 그리고 복지연보도 이제는 감사한 마음으로 할 수 있게 되었다. 앞으로는 더 큰 은혜를 받게 하시고, 때마다 나를 더욱 강하고 담대하게 변화시켜 주시리라 믿는다.

한 해를 마감하며 주님께서 주신 은혜를 되돌아보고자 합니다.

하나님은 저에게 크고 작은 은혜를 부어주셔서 그 어느 해보다 소중하고 감사한 한 해가 되었습니다. 그 중 가장 큰 것은 저희 가정에 귀한 새 생명을 주신 것입니다. 결혼 전부터 아이를 갖는 것은 너무나 부담되는 일 중 하나였습니다. 결혼 후 많이 호전되기는 했지만 언제부터 그랬는지 어디서부터인지 알 수 없는 우울과 불안으로 마음이 힘겨운 상태였습니다. 나 하나도 건사하기 힘들고 지치는데 아이를 잘 키울 수 있을까 삶이 너무 버거워지지 않을까 겁이 났습니다.

하나님은 나의 연약함을 잘 아시고 소중하고 귀한 만남을 허락해주셔서 두려움과 걱정을 극복하게 하셨습니다. 임신 전부터 좋은 교수님을 만나 상담을 받도록 인도해주셨고 무엇보다 결혼하고 처음으로 이사 와서 살게 된 군포에서 남편 따라 다니게 된 우리 교회의 보살핌이 컸습니다.

시의 감동이 있고 따뜻한 가족 같은 교회. 낯선 도시에서 아는 사람도 없는데 엄마처럼 따뜻하게 챙겨주시는 권사님과 늘 기도로 중보해주고 매주 친히 집에 찾아와서 구역예배를 드려주시는 집사님들, 매 순간순간마다 기쁠 때나 어려울 때나 함께 해주신 덕분에 마음 편안하게 안정을 찾아갈 수 있었습니다.

이기적이고 무기력하기만 했던 저에게 하나님께서 새 생명을 주셔서 전에는 알지 못했던 큰 기쁨을 주시고 풍성한 삶을 살게 해주셨습니다.

저는 알지 못했지만 답답하고 어두운 상황에서도 하나님은 저와 늘 동행해 주셨습니다. 앞으로도 나의 삶이 어떻게 될지 알 수 없지만 또 다른 감사의 길로 인도해주실 하나님을 기대합니다. 하루하루 주님만 의지하고 감사하며 살겠습니다. 모든 영광을 하나님께 돌려드립니다.

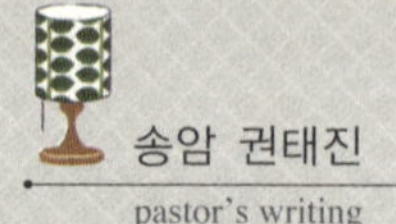

칭찬 한마디

행복한 가정에는 나름대로 비결이 있습니다.

어느 부부모임에서 한 친구가 "자네, 요즘 좋아보이는구먼, 나이보다 훨씬 젊어보이네!"라고 말했습니다. 그 친구는 "아, 그런가! 우리 아내가 음식도 뒷바라지도 잘해주어 그렇다네! 신앙생활도 열심히 하고 말이야."라고 대답했습니다. 옆에서 그 말을 들은 아내는 남편이 자신의 수고를 알고 있다는 것에 뿌듯했습니다. 그래서 더욱 힘을 내어 남편을 돕고 사랑했습니다.

자신의 존재와 수고를 알아주는 것은 좋은 에너지를 만들고 힘이 나게 합니다. 해맑은 얼굴과 힘을 돋게 하는 긍정적 언어는 남편이 남편되게 하고, 자녀들에게도 정서적 안정을 주어 자녀답게 합니다. 안정된 가정을 만들게 하는 원동력이 됩니다.

교회에서도 마찬가지입니다. 죄 많은 우리를 그토록 사랑하사 독생자를 주신 하나님의 사랑을 느껴야 합니다. 제각기 잘못하고 있는 제자들의 심성을 다 알고 있지만 겸손한 마음으로 발을 씻기신 예수님의 성품을 닮아봅시다. 우리 성도들 간에도 서로 알아줍시다. 서로의 수고를 칭찬하고 인정하고 기도로 위로를 해주어봅시다. 사랑으로 기다려봅시다. 회개로 깨끗해져야 사랑할 수 있는 안목이 생깁니다.

행복한 가정, 건강한 교회가 되기를 소원하며
기도의 손을 모아봅니다.

Part 3

저의 문을
활짝 열겠습니다

장성한 성도들의 변화와 결단,
그리고 헌신의 각오.

꽃이 되어

poem 7
전효숙

나는 흔한 들풀이었습니다
밟혀도 꺾여도 아쉽지 않은
그냥 들풀이었습니다

그런데
나를 사랑하는 님을 만났습니다
빛과 물과 사랑 주었습니다

그래서
바닥에 엎드린 들풀 사이에서
가냘프고 작은 꽃 피웠습니다

그리고
물과 거름으로 가꾸고 길리워져
더욱 아름다운 꽃 되었습니다

내 영혼에 햇빛, 비치다

그러므로

꺾기기는 커녕 보기에도 아까운 꽃

사랑하는 님의 기쁨 되었습니다

그러나

나는 꺾이기를 소원합니다

단 하루를 산다해도 생명 드려

사랑하는 님을 위해 제물 되겠습니다.

징검돌:

우리 주 예수 그리스도는 우리의 영원하고 완전한 반석이시다. 누구든지 예수님께 나아와 그 위에 집을 짓지 않고는 참된 행복을 얻을 수 없다. 주님께서는 흉흉한 세파의 고해 속에서 갈 바를 모르는 죄인들이 주님께 나아올 수 있도록 징검다리를 놓으셨다.

"너희는 세상의 빛이라 산 위에 있는 동네가 숨겨지지 못할 것이요 사람이 등불을 켜서 말 아래에 두지 아니하고 등경 위에 두나니 이러므로 집 안 모든 사람에게 비치느니라 이같이 너희 빛이 사람 앞에 비치게 하여 그들로 너희 착한 행실을 보고 하늘에 계신 너희 아버지께 영광을 돌리게 하라"(마5:14-16)

또한 교회 안에서 앞서고 뒤에 선 모든 믿음의 경주자들이 그 경주를 잘 할 수 있도록 여러 개의 징검돌을 놓으셨다.

"그가 어떤 사람은 사도로, 어떤 사람은 선지자로, 어떤 사람은 복음 전하는 자로, 어떤 사람은 목사와 교사로 삼으셨으니 이는 성도를 온전하게 하여 봉사의 일을 하게하며 그리스도의 몸을 세우려 하심이라"(엡4:11-12)

이와 같이 우리는 모두가 세상과 교회 안에 놓인 바로 그 징검돌이다.

어린 시절 개울을 건널 때 어김없이 징검돌을 밟고 지나다녔다. 어쩌다 끄덕거리는 돌을 밟았을 때는 당황하다가 물에 빠지기도 했다. 어떤 때에는 돌과 돌 사이의 간격이 넓어서 뛰어 건너다가 물에 빠지기도 하였다.

징검다리, 징검돌!

이 돌은 늘 그 자리에서 물에 잠겨 있어야 자기 역할을 잘 감당한다. 이 돌은 많은 사람이 밟고 지나가야 자기 사명을 다하는 것이다. 이 돌은 물속에 적당하게 잠겨 있어야 누구든지 잘 밟고 지나갈 수 있다. 이 돌은 적당한 거리에 놓여 있어야 모든 사람들이 밟고 잘 지나갈 수 있다.

우리는 세상에 놓인 주님의 징검돌이다. 어떨 때는 옆의 징검돌과 가까이 붙어 있고도 싶고 또 어떤 돌과는 멀리 떨어져 있고도 싶다. 어떨 때는 물속에 폭 잠겨 남모르게 지내고도 싶고, 때로는 물 밖으로 뛰어 나가고도 싶다. 그러나 주인이 놓아둔 자리가 있다. 시기가 있다.

세상의 풍파와 격랑이 심하여 부서지고 쪼개져 떠내려갈 듯도 한데 이것이야말로 모난 돌덩이를 누구라도 밟고 건너기 편한 징검돌로 만드시는 하나님의 손길이다.

감사하자. 세차게 흐르는 물속에서 다듬어져 감을!
만족하자. 그저 누군가가 밟고 주님께로 나아가는 도구가 됨을!
갈 바를 모르는 수많은 죄인들이 나를 밟고 교회에 들어올 수 있다면 그것이 최고의 행복이요, 뒤따르는 많은 성도들이 나를 통해 좀 더 주님께 가까이 갈 수 있다면 우리의 가장 큰 사명을 감당하는 것일 게다.

아주 많이 밟히는 전도자, 더 자주 밟히는 구역장,
많은 아이들이 밟고 지나가는 교사,
그리고 내가 그 징검돌이 되기를 기도한다.

아비목회 현장에
자녀로 서다.

story 21

안혜성

우리 교회 온 지 한 달쯤 지나서 교회 출석에 대해서 갈등이 되기 시작했습니다. 새벽마다 말씀을 들으며 깊이 생각해 보았습니다. 그러던 중 2월 둘째주일에 집 안에 일이 있어 교회를 비우게 되었습니다. 그리고 일을 마치고 돌아온 주일, "지난주에 남편이 안 보였어!"라고 담임목사님이 말씀하셨습니다. '그 많은 사람을 어떻게 기억하실까?' 참으로 놀라운 일입니다. 그렇게 담임목사님의 사람 사랑하는 마음에 감동을 받고 교회를 출석하기로 결정하게 되었습니다.

나를 새벽예배에 산제사의 제물로 드릴 수 있다는 기쁨과 내 마음을 토할 수 있는 기도의 처소가 있다는 것에 감사하게 되었습니다. 걸어갈 수 있는 거리에 있다는 것이 감사하고 행복했습니다. '오늘 새벽에는 목사님이 어떤 설교 말씀을 하실까?' 기대와 기다림으로 한 주가 훌쩍 지나갑니다.

그러던 중 에스더 성경공부가 시작되었습니다. 두 번째 시간이 되니 제대로 올 데를 왔나 의심이 되었습니다. 너무나 육신의 생활에 깊이 관여하신다는 생각에 마음이 무거워지기 시작했습니다. 그때부터 목사님을 알고 싶어 목사님 책을 밤새워 다 읽어 보았습니다. 책 속에는 성도들을 사랑하는 마음, 주님이 우리들의 연약함을 긍휼히 여긴 것 같이 목사님도 우리를 긍휼히 여기는 마음, 하나님의 사랑 때문에 그냥 가만히 있을 수 없다는 고백, 어머니를 향한 효심, 시대적 사명감, 현실에 안주하지 못하는 주님으로 인한 거룩한 욕심 등이 책에 고스란히 담겨져 있었습니다. 4개월도 안 되었는데 10년을 함께 한 듯 세월을 껑충 뛰어 넘어 버렸습니다.

처음 우리 교회에 출석한 것이 2005년 1월 9일 주일입니다. 그 때 목사님께서는 '변함없는 사랑의 조건' 이라는 말씀을 전해 주셨습니다. 사울은 필요에 의해서 다윗을 만나지만 다윗과 요나단은 마음에 연락이 있어 생명을 주기까지 사랑한다는 말씀이었습니다. 그리고는 "우리의 만남이 큰 행복을 주는 만남이 되기 바랍니다."라고 다시 한 번 말씀해 주셨습니다. 그 말씀을 듣는 순간 꼭 저의 속마음을 들킨 것 같았습니다. 형식적인 성도의 삶을 꿈꾸며 왔는데 '변함없는 사랑의 조건' 을 요구하셨던 것입니다. 목사님에게는 심령을 꿰뚫어 보시는 힘이 있는 것 같습니다.

호통도 치십니다. 그러나 사랑도 함께 받습니다. 책망을 받는데도 이상하게 마음이 평안합니다. 책망 속에 고침 받고 훈련받고 다듬어지고 세워지고 쓰임을 받도록 성장을 합니다. 그러면서 교회 역사의 산 증인들의 체험적인 고백을 들으면서 나도 모르게 주 안에서 하나가 되어가고 마음도 드려지게 되었습니다.

송구영신예배 때에 성도들 모든 가정을 빠짐없이 안수기도해 주시던 담임목사님의 모습과 남녀노소 할 것 없이 모여드는 체육대회, 그리고 푸짐한 상품들, 24시간 기도회, 특별 새벽기도회, 제직수련회 등 저에게는 너무나 신기한 체험이 되었습니다. 셀 수 없는 헌신예배도 빠뜨릴 수 없습니다. 이제는 목사님과 성도들 앞에 체면도 부끄러움도 없이 목사님께서 부르짖으시는 아비목회의 현장에 한 자녀로 우뚝 섰습니다.

에스더 교육을 받으면서 책망이 얼마나 많은 사랑 가운데 이루어지는지 배우는 기회였습니다. 그자리가 저에게는 목사님과 한 성령 안에서 아름다운 제일인의 잉태와 출생신고의 자리가 되었습니다. 현실에 안주하지 말라고, 어떻게 살고 싶은지 생각하라고, 자기 먹고 사는 것은 어느 누구나 다 하는 것이니 보람 있게 살라고, 자기를 사랑하라고, 가난한 자의 보호자로 살라고 하십니다. 이러한 교훈 속에서 주 안에서 서로 마음에 있는 자로, 부족하지만 한 마음 한 뜻으로 한 성령 안에서 기도하며 예수님 안에서 모두가 하나 되기를 소원하는 자로 성장했습니다.

어떤 오해도 이길 수 있습니다. 이제는 어떠한 일이 있다 할지라도 바울처럼 기뻐하고 기뻐할 것입니다. 목사님 소원하시는 대로 웃음의 옷으로 보답할 것입니다. 남은 숙제는 어떻게 교회를 소개하고 어떻게 목사님의 목회의 사역에 도움이 될 것인지 매일매일의 숙제로 남아있습니다.

하반기 각오.

***story** 22
김지연

올해 처음으로 구역장 임명을 받았다.

거룩한 부담감도 있었지만, 하나님께 순종하는 마음으로 시작하게 되었다. 그런데 갑작스럽게 목 디스크 판정을 받고 시술을 하게 되었다. 그로 인해서 지금까지 좀 불편함을 겪고 있고, 마음처럼 열심히 기도하고 전도하지를 못했다. 후반기에는 좀 더 열정을 가지고 나아가야겠다. 구역장 공부를 하면서, 이전에는 알지 못했던 교회 일도 알게 되고 목사님의 마음도 조금은 이해하게 된 것 같다. 그리고 교회와 목사님, 사모님을 위한 기도도 빠지지 않고 하게 되었다.

목사님께 배운 내용을 우리 구역식구들에게 하나도 빼먹지 않고 다 들려주고 싶다. 다들 바빠서 모이는 것이 쉽지만은 않다. 때로는 구역원들을 볼 때 안타깝기도 하고, 답답하기도 하다. 조금만 더 하나님께 가까이 나오기를 간절히 소망하지만 그렇지 못하는 모습을 볼 때 정말로 속상하다. 그렇지만, 인내하고 기도하며 기다려야 한다는 것을 다시 한 번 깨닫게 된다.

이러니, 목사님은 얼마나 안타까우실까? 상반기를 뒤돌아 볼 때, 나 자신의 부족함을 더욱 느끼게 되었다. 주님께 더욱 의지하며 열정을 가지고 하반기를 시작해야겠다.

영혼 사랑의 열정을 주시기를 간절히 기도한다.

항상 우리교회가
자랑입니다.

9년 전 우리교회를 처음 만났을 때,

신앙에 실패하고 삶이 너무 힘들었습니다. 하나님을 바라는 마음은

있었지만 마음과는 달리 쉽게 교회를 만나지 못하고 방황하는 중에

하나님께서는 안산에 살던 우리 가족을 산본으로 보내셨습니다.

또 이곳에서 많은 교회 중에 군포제일교회 버스를 만나게 해주시고

문 앞에 주보를 보내주셨습니다. 그렇게 만나게 된 교회에서

전도인 집사님은 첫눈에 저를 새신자로 알아보시고 등록을 권유하셨고

얼떨떨하게 처음예배를 드리는 순간, 낯설기만 한 이곳

군포제일교회 자모실에서 세상에서 느낄 수 없었던 평안함을 느꼈습니다.

반강제로 등록을 하고 심방을 받은 후에는 예배 시간에 찬양을 부를 때나

말씀을 들을 때나 모두 저를 향한 찬양이고 말씀인 것 같아

평안하게 예배드리는 무리 속에서 남몰래 눈물을 닦으며

하나님을 다시 만나게 되었습니다. 이렇게 만나게 된 곳이 바로

권태진 목사님께서 아비목회를 하시는 군포제일교회였습니다.

우리교회를 처음 왔을 때, 모든 성도들 가운데 저만 빼고 모두가

평온해 보였고, 모두가 행복해보였습니다. 혹, 고난을 겪을지라도

모두가 함께 이겨냈고 극복하며 다시 회복하는 모습을 볼 수 있었습니다.

하지만, 저는 힘들면 쓰러졌고 낙심했고 많이 울었습니다.

저만 겪는 고통이라 여겼고 이만한 고통은 다른 성도들에게는

없을 것이라고 생각하며 억울해하기도 했었습니다.

그러나 『아비목회』를 읽고 나니 많은 성도님들이 고난을 겪어왔고,

이겨냈고, 지금 살아가고 있다는 것을 새삼 알게 되었습니다.

그리고 그 고난을 이겨내는 과정에는 제가 군포제일교회에 와서

담임목사님의 말씀을 듣고 양육받고, 믿음을 회복하고, 고난을 이겨내고,

소망을 갖게 된 것처럼, 그 성도님들도 아버지와 같은 담임목사님과,

가족과 같은 성도들의 기도가 함께했다는 것을 깨달았습니다.

그런 담임목사님과 성도들의 보살핌과 기도 가운데 믿음을 회복하고

은혜 입은 것에 감사했고, 지금까지 저만을 봐왔던

이기적인 신앙에서 이제 담임목사님과 성도의 삶을 이해하며

함께 기뻐하고 아파하며 기도의 동역자로 변화되었습니다.

담임목사님의 삶이 예수님의 삶과 닮아 있었고, 그런 목사님을 위해

저도 모르게 눈물을 흘리며 진심으로 기도하게 되었습니다.

몇 년 전부터인가 친정아버지의 생신 때면 담임목사님이 생각났고,

담임목사님의 생신 때면 친정아버지가 생각났습니다. 정말 이상할 정도로

두 분이 닮았다고 느꼈습니다. 담임목사님과 함께

많은 대화를 한 것도 아니고, 가족으로 한 집에서 생활해 본 것도 아니고,

목사님에 대해 많은 것을 알고 있는 것도 아님에도 불구하고

담임목사님을 뵐 때마다 꾸짖음을 들을지라도

서운하거나 노여운 마음도 없었습니다. 그 후 아비목회에 대한

설교말씀을 들었을 때, 제 마음에 드는 생각이

결코 이상할 게 없다는 것을 알았고, 마음과 머릿속이 환해지는 것을

느꼈습니다. '바로 이거구나!' 아비목회는 담임목사님의 마음과 기도가

성도들의 마음 구석구석까지 전해지는 것.

담임목사님께서는 성도들의 고통을 진심으로 아파하셨고,

성도들의 기쁨도 그 이상으로 기뻐해주셨습니다.

그래서 담임목사님, 사모님을 위해 기도할 때 저도 모르게

눈물이 났습니다.

저 뿐 아니라 책속에 많은 성도님들의 마음이었고

주일마다 말씀을 듣는 모든 성도님들의 마음이었을 것입니다.

게다가 교회안의 성도를 품기도 모자라 세상가운데 있는 사람까지

사랑으로 품어 안으시기를 원하시며 복지에 힘쓰시고 균형 있는 교회,

건강한 교회, 빛이 되는 교회로 나아가게 하시니

이러한 교회에 속해 성도로 사랑받고 쓰임 받는 저는,

항상 우리교회가 자랑입니다. 믿지 않는 친구를 만나도,

다른 교회 섬기는 믿음의 친구들도

'너희 교회는 정말 좋은 교회구나.' 라며

모두가 공감하게 하는 자랑스러운 교회입니다.

이런 교회에 속한 저는 아직도 연약함도 많고,

믿음도 부족하고, 기도해야 할 많은 제목들이 있지만,

이제 받은 사랑과 은혜를 기억하며, 담임목사님, 사모님의 아비목회에

힘을 실어 드리는 자녀로 살기를 소원하게 되었습니다.

그리고 작은 일에 겸손하게 충성하는 봉사와 헌신의 자녀로

가족과 같은 교회 가운데에 잘 속하기를 오늘도 기도합니다.

희영이 다치던 날

*** poem 8
이명란

사랑하는 아들

바닥에 부딪쳐 입술 찢어지고

성한 이 세 개나 빠지던 날

가슴 찢어지는 아픔을 느꼈어요

나 어릴 적 뛰어놀다가

옆집 오빠가 휘두르던 몽둥이에 맞아

쓰러지던 날

우리엄마 가슴 찢어놓았음을 이제야 알았어요

아픈 성도 위해

통성기도 하자시며

소리높여 기도하시던

담임목사님 마음 이제야 조금은 알 것 같아요

성경 말씀 우리에게 주시며

바르게 살라 하지만

그 뜻대로 살지 못할 때마다

피눈물 흘리실 하나님 마음

백만분의 일이라도 헤아릴 수 있기를

사랑하는 아들

다쳤을 때

가슴 밑바닥으로부터 흘러나오는 눈물 참으며

내 사랑하는 이들의 마음을 헤아려봅니다.

저의 문을
활짝 열겠습니다.

제 삶에 있어서 전환점이 된 때가 있었습니다. 2010년, 큰 체험을 했는데 바로 주 하나님의 음성을 들었습니다. 그로 인해서 저의 삶이 온전히 바뀌어 가고 있습니다. 그 동안 저의 신앙생활은 무늬만 크리스챤이었죠. 습관적이라고나 할까? 방어적이라고나 할까? 하여튼 주일에 교회만 갔다 오면 되는 것으로 안위했으니 말입니다. 그러나 자족함은 마음 한 구석의 일부분이었을 뿐, 대내·외적인 환경과 물질적인 어려움으로 인해서 고뇌의 나날들이 저를 항상 옥죄고 있었습니다.

'새벽 기도에 매달려 보자!' 2009년 2월부터 약 150일 정도 새벽기도를 드렸습니다. 새벽기도의 응답이었는지 많은 것들을 보여주시고 들려주시기 시작했습니다.

봄 쯤 군포CBMC에 들어가게 되면서 저도 모르는 어떤 변화가 오기 시작했습니다. 담임목사님의 주일 설교 말씀과 CBMC 금요조찬기도회 설교 말씀 중에 "순종하는 삶", "행하는 믿음" 그리고 섬기는 자가 큰 자가 됨을 들고 회개하면서 새벽QT를 계획했습니다.

그러던 차에 읽게된 책으로 먼저 '시간청지기로 삶을 살라' 는 음성을 들려 주셨습니다. 그 뒤로 하루 24시간을 48시간 같이 쓰는 지혜를 갖게 되었습니다. 이것은 시작에 불과 했습니다.

아내의 '작지 않은 큰 십일조' 로 인해서 저는 변화됐습니다. 어느 주일 날 아내가 십일조 연보 봉투에 26,000원을 넣는 것을 보고 놀랐습니다. 그 10~20배 정도는 충분히 해야 하는 나는 안하는데, 아내는 온전하게 십일조 하는 것을 보고, '그래 이 세상에 내 것은 없어. 다 빌려 쓰는 것 아니겠어. 인생 자체가 주께 빚진 것인데 하물며 물질은…….' 하며 크게 깨닫고, 회개하며 온전한 십일조를 작정하게 되었습니다. 이 또한 아내의 손길을 통해 온전한 십일조를 하라는 하나님의 음성이 아니고 무엇이었을까요? 게다가 인터넷 검색 중에 『십일조의 비밀을 안 세계의 부자들』과 『새벽기도하는 CEO』 라는 책을 보고 사서 읽게 되었지요, 두 책은 십일조와 새벽기도에 대한 나의 결심을 굳건히 해주었어요.

'찬양하라' 는 주의 음성은 이러했습니다. 제 자신은 늘 찬양이 부족하다고 생각하고 있던 차에 '시와 찬미의 밤' 뮤지컬에서 예수님 배역을 제가 하게 되었고, 금요심야예배에서는 처음으로 찬양을 인도하는 자가 되어 역사하시는 하나님을 체험하게 됐습니다. 저는 직업상 차에서 보내는 시간이 많은데, 즐겨 듣던 뉴스나 음악 채널을 '극동방송' 채널로 옮겨 듣기 시작했습니다. 늘 말씀을 가까이 하니 너무나 행복했습니다.

마지막으로 '헌신하라'는 음성은 차량부였습니다. 이에도 순종했습니다. 그러나 아직 멀었다고 생각합니다.

되돌아보면 받은 것이 너무나 많아서 때론 무섭고 겁이 날 때도 있습니다. 그러나 전 확신합니다. 온 우주의 질서를 주관하시는 창조주이신 하나님께서 다 예비하고 계시다는 것을요. 우리 믿음 있는 사람들에게는 우연이란 없다는 것을요. 예전에도 지금도 너무나 부족한데 주님께서는 변함없이 저의 문을 두드리고 계시는구나! 많은 사람들의 입술과 손길로, 때론 책이나 여러 매체로. 다만, 내 몸과 맘이, 눈과 귀가 열려 있지 않았었구나!

주시는 것을 못 받음은 무지의 죄요, 알고 안 받는 것은 교만의 죄인 것을. 그리고 받은 것을 사랑과 나눔을 위해, 주 위해 쓰지 않은 것은 가장 큰 죄악인 것을 깨닫습니다.

오~ 주여! 주님의 그 놀랍고 크신 사랑과 은혜와 축복에 감사드립니다. 저의 문을 활짝 열겠습니다. 그래서 언제 어디서든지 항상 함께 하시는 주님의 음성을 느끼고, 보고 듣겠나이다. 그리하여 차고 넘치도록 하겠나이다. 감사합니다! 나의 주! 나의 하나님!

**story 25
최용석

1994년 10월, 군포중학교 뒤편에 신혼방을 차리고 아내와 함께 출석할 교회를 찾다가 기독교 백화점 점원의 소개로 처음 우리 교회로 나오게 되었습니다. 당말 지하차도 올라가는 입구에 당시 단독교회였던 우리 교회의 첫 인상은 낮은 천장, 좁은 본당, 그래서 군데군데 접이 의자를 놓고 예배드리던 모습. 군인처럼 머리를 짧게 깎으신 분이 찬양대를 지휘하던 모습. 담임목사님께서 열정적으로 설교하시던 모습으로 작지만 힘이 넘쳐 보였습니다.

등록을 했지만 친척이 일산에서 개척한 교회를 다니며 섬기고 있었는데 아내가 임신 3개월쯤 되었을 때, 일산의 교회를 가기 위해 전철을 타고 가던 중 구로역 즈음에서 갑자기 의식을 잃고 쓰러졌습니다. 임신한 몸으로 두 시간이상 걸리는 일산으로 전철과 버스를 타고 오가는 것이 여간 힘든 게 아니었던 모양입니다. 다행히 산모와 뱃속의 아이는 무사했고 그 일로 인해 우리 부부는 다시 군포제일교회로 출석하게 되었습니다. 그 때는 깨닫지 못했지만 우리를 이곳으로 오게 하신 하나님의 뜻이었다는 것을 오랜 시간이 지난 후에야 깨달았습니다.

저는 초등학교 2학년 때 친구의 전도로 처음 교회에 나갔고 졸업 후 취업하며 신앙이 시들해져서 결혼하며 다시 신앙생활을 하게 되었지만 처음에는 수요예배도 나오지 않을 만큼 신앙이 없었습니다. 하지만 우리 교회만이 가진 놀라운 특징들을 발견하면서 차츰차츰 변하기 시작했습니다. 성도들끼리 수군거리지 않아 사람들 눈치 보지 않고 마음 편하게 신앙생활을 할 수 있었고 담임목사님의 솔직한 체험을 바탕으로 한 설교말씀은 들을 때마다 은혜가 되었습니다. 그러면서 주일학교 교사로 학생회 교사로, 찬양대로 봉사하면서 즐겁게 신앙생활을 하게 되었습니다.

음악을 좋아해서 여고시절 합창단에서 활동한 아내가 아이 둘 낳고 키우느라 그렇게 하고 싶은 찬양대를 설 수 없을 때 "당신만 신나게 신앙생활을 하네요."라며 감사의 핀잔을 던지기도 했습니다.

한번은 이런 일도 있었습니다. 어느 날 아내가 회사로 연락을 했습니다. 큰 아이가 선교원 마치고 단지 앞에서 길을 건너다 오토바이와 부딪쳤다는 것입니다. 그런데 놀랍게도 아이가 공중에 붕 떴다가 도로에 떨어졌는데도 약간의 찰과상만 입었다는 이야기를 들으며 큰 아이 첫 돌 예배 때, 바쁘신 중에도 담임목사님께서 오셔서 기도해주시는 모습이 생각났습니다.

'담임목사님의 기도와 하나님의 인도하심으로 아이가 무사할 수 있었구나' 라고 생각하니 감사가 저절로 나왔습니다.

수없이 많은 은혜를 체험하고 난 후, 10년 이상 다니던 첫 회사를 그만두고 좀 더 보람 있는 일을 하고 싶다고 생각하고 있을 때 담임목사님께서 사회복지를 공부해보라고 하셔서 2006년 대학에 편입해 사회복지를 공부했습니다. 그 후 성민원에서 일을 하며 복지사역을 감당하게 되었습니다. 뿐만 아니라 재정부에서 봉사하면서도 크고 작은 은혜를 체험하게 되었습니다. 교회건축에 부족한 자금을 위해 사택을 은행에 담보로 하고 건축연보를 드리며 교회가 어려울 때 몸소 모범을 보이셨던 담임목사님을 보며 우리 교회가 신령한 가정이라는 것을 다시 한 번 느끼게 되었습니다.

지금까지 순간순간 저의 걸음을 인도하신 것을 보니 다 하나님의 은혜입니다. 그리고 기도해주신 담임목사님과 사모님, 여러 성도님들께도 감사를 드립니다.

성전에서 주를 섬기는
새로운 삶.

story 26

김영화

저는 믿음이 부족한 사람이었습니다. 생사의 갈림길에서 주님을 만나기 전까지는.

2006년 초여름 가슴통증 때문에 찾아갔던 근처 병원에서 장비와 의료진 부족으로 치료가 힘들다는 이야기를 듣고 다른 병원으로 옮겨 검사를 받았습니다. 검사결과 심낭에 물이 찬 것이 발견되었습니다. 수술 대신 항생제 치료가 시작되었지만 2주가 지나도 차도가 없었고 계속되는 혈액 검사로 신경은 더욱 예민해져 갔습니다. 그때 심혈관 담당 교수님의 말씀이 저에게 큰 힘을 주었습니다. "하나님이 만드신 몸, 연약하지만 그대로 쓰는 것이 제일 좋지 않겠냐"는 것이었습니다. 그 말씀이 제 가슴에 와 닿았습니다. 저의 나약함은 저도 모르게 하나님을 찾게 했고 마음 깊은 곳에서부터 하나님께 기도를 드렸습니다.

계속 약물치료를 받던 중 전교인 체육대회 날이 되어 저는 병원에 부탁해 5시간의 외출 허가를 받았습니다. 체육대회장으로 가보니 열심히 기도하고 즐겁게 체육대회를 즐기고 응원하는 여러 성도들의 모습을 볼 수 있었습니다. 상대적으로 '나는 왜 이렇게 약한가' 하는 막연한 슬픔이 찾아

와서 뜨거운 눈물을 흘렸습니다. 그때 목사님께서 "괜찮아, 이젠 괜찮아질 거야. 힘내!"라고 말씀해주셔서 위로를 받았습니다. 즐거운 점심시간, 가족과 성도들과 함께 오랜만에 여러 음식을 맛있게 먹고 즐거운 시간을 보냈습니다. 몸은 아프지만 마음은 참으로 행복했습니다. '아! 이것이 믿음이고, 참 행복이구나.' 라는 생각이 들었습니다.

병원에 돌아 와보니 약물치료를 할 수 없다는 결정이 나서 결국 수술을 받기로 했습니다. 수술은 불과 2시간 만에 끝났지만 염증으로 2차 수술을 해야 했습니다. 그리고 석 달 뒤에 판막수술도 하자고 말씀하셨지만 저는 '설마 판막까지는 수술을 하지 않아도 되겠지' 하며 조금은 느긋하게 생각을 했습니다. 퇴원 후에는 체력이 많이 약해져 아프다는 이유로 주일을 지키지 않으면서도 일을 하지 말라는 의사의 조언은 무시한 채, 하던 일을 계속했습니다. 아내는 일을 할 수 있을 정도면 교회에 나가 하나님께 예배드리자고 줄곧 말했지만 듣지 않았습니다. 목사님께서도 아내에게 "교회에 나와야 하는데, 하는데……"하셨답니다.

그 후 너무 심한 통증이 찾아와 병원에 갔더니 의사선생님이 판막 세 개를 동시에 인공판막으로 교체해야하는 대수술을 위해 당장 입원하라고 했습니다. 수술 전 날 저녁 제 핸드폰으로 한통의 전화가 걸려왔습니다. 담임목사님의 전화였습니다. 전화를 받아야 할지 말아야 할지 망설여졌습니다. 몇 번의 벨이 울리고 나서 전화를 받았습니다. 목사님의 목소리가 들려왔습니다. "김영화 성도 힘내요. 하나님의 뜻이 있으니 수술 잘 받을 수 있을 거예요." 그리고 저를 위해서 기도해 주셨습니다. 목사님의 기도가 힘차게 들릴 때 "아멘 아멘" 하였습니다. 목사님의 깊고 간절한 기도에 저는 불안한 마음을 떨칠 수 있었습니다.

수술은 무려 13시간 30분 동안 했다고 합니다. 저는 수술 후 중환자실에서 아내의 면회를 받고 회복시간을 보내고 있을 때, 심장이 멎음과 동시에 삐-하는 기계음과 함께 의식을 잃었습니다. 그리고는 혼수상태에 빠져 9일 동안 일어나지 못했습니다.

그때 저는 깊은 영혼의 여행을 시작했습니다. 영혼의 여행 속에서 저의 장례절차는 순탄히 진행되고 있었습니다. 우선 저는 고운 옷과 향수로 치장되어 있었고 장례식장에는 하얀 천과 저를 태울 불구덩이가 준비되어 있었습니다. 모든 준비가 끝나고 장례시간이 정해진 후 아내에게 목사님께 연락을 드리라고 하고 저는 죽음을 준비했습니다. 장례식 시간이 다 되어도 목사님은 도착하지 않았습니다. 그러나 저는 목사님께서 꼭 오시리라 믿고 있었습니다. 시간이 너무 지체되어 장례식은 성도들에 의해 진행되었습니다. 제가 불구덩이에 던져져 몸이 타기 시작할 때였습니다.

너무나 고요하고 환하여 눈도 제대로 뜨지 못하고 있는데 어디선가 큰 목소리가 들려왔습니다. "너는 아직 여기에 올 때가 아니니라. 아직 네게는 할 일이 너무도 많이 남아 있으니 다시 내려가 그곳에 거하여 너의 본분을 다한 후 다시 오너라." 우뢰와 같은 목소리를 들었습니다. 저는 소리가 들리는 곳으로 몸을 움직여 그 분을 보려했으나 그 분은 보이지 않고 목소리만 들렸습니다. 그 소리에 눈이 번쩍 떠졌습니다.

그 때 담임목사님께서 도착하셔서 "아직 생명이 남아 있는데 왜 살아있는 사람을 불구덩이에 던지느냐!"고 하면서 제 손을 잡아주어 전 불구덩이 속을 쑥 빠져나왔습니다.

그 순간 저는 실제로 혼수상태에서 깨어났습니다. 그 뒤로는 치료와 회복이 잘되어 행복하게 하루하루 살아가고 있습니다. 병원에서 이건 '기적'이라고 합니다. 저의 상처부위도 잘 치유되어 다른 환우들보다 더 빨리 퇴원하게 되었고 지금은 온전히 치유되어 교회에서 성전을 지키는 새로운 삶을 삽니다.

지금도 하나님의 참 진리의 뜻을 다 알지는 못합니다. 그러나 한가지 사실, 주님은 하나님의 말씀에 절대적으로 순종하는 자를 찾으시고 우리가 기도할 때 듣고 계시며 언젠가는 그 기도를 주의 사람을 통해 이루어 주신다는 것을 알게 되었습니다. 지금도 하나님은 살아계셔서 역사하십니다. 나의 생사화복을 맡겨야할 대상은 오로지 하나님 한 분 뿐입니다. 이제는 감사와 기쁨만 있습니다. 구원의 확신이 없었던 저에게 질병으로 지옥 갈 저를 천국 백성으로 인도하신 하나님께 말로 형언할 수 없는 감사와 영광을 돌려드립니다. 또한 삶과 죽음 사이에서 온 힘을 다해 싸우고 있을 때 더 안타까운 마음으로 기도해 주신 담임목사님과 사모님, 온 성도들 그리고 사랑하는 아내와 아이들에게 깊은 감사를 드립니다.

계단

** *poem* 9
강현준

첫 계단 다섯 번째 층에
서있던 나
드디어 마지막 여섯 번째 층에
오르게 된다

한 계단을 다 오르고
새해가 되면
또 다른 계단에
오를 준비를 하겠지

내 옆에도 계단을

오르는 것이 있다

아홉 번째 층으로

오르려 하는 이것을

나와 모든 사람이

격려를 해주네

내가 또 다른 계단에

오르기 전에

교회도 아홉 번째 층에

오르기를 바라네.

_ 초등부 5학년 때 쓴시

디모데와
에바브로디도처럼.

story 27

최훈용

"안수집사, 권사."

직분자 신청서가 입구에 놓이고 주일예배시간에 광고가 되었을 때, 그동안 늘 목사님 동역자로 신앙생활하기를 기도했었던 것이 이루어지는가 보다 했다. 그러나 본인이 직접 신청서를 제출하라고 하니까 여러 가지 고민이 생겼다. 물론 하고 싶다고 할 수 있는 것도 아니고 열심만으로 할 수 있는 것이 아니라는 것을 알기에, 정말 나 자신이 직분자로 피택을 받을 수 있는 자질을 갖추고 있는지, 목사님 목회에, 교회에 유익이 될지 등 여러 가지 생각이 많아지고 고민이 되었다.

몇 주간이나 주일 예배시간의 광고가 계속되고 시간이 흐를수록 '나는 너무나 부족하고, 삶속에서 그리스도의 향기를 드러내지 못하는 사람이구나.' 라는 생각이 점차 마음속에 크게 자리 잡아갔다. 그렇지만 목사님 목회에 늘 함께 하고 싶다는 생각과 나 자신의 생활 속에서 변화하지 못한 여러 가지 때문에 마지막 날에서야 두렵고 떨림으로 아내의 손길을 빌려 접수하게 되었다.

막상 그때까지도 사회생활 속에서, 가정에서, 교회 생활 속에서 좀처럼 변화가 이루어지지 않았다. 마음속에 부담감만 커져가는 것 같았다. 시간이 흘러 예배시간마다 성도들에게 인사하고 게시판에는 가족사진이 붙여지더니 어느덧 직분자 투표가 이루어졌다. 투표에 대한 발표가 나기까지 일주일 동안 정말 힘들고 떨리는 순간들이었다. '몇 퍼센트의 동의를 얻었으며 혹시 동의를 하지 않는 사람은 어떠한 이유를 적었을까' 너무 궁금했다. 주일날 예배당에 들어서며 주보를 받고서도 설렘을 더 오래 간직하고 싶어 일부러 한참이나 펼쳐보지 않았다. 얼마 뒤 펼친 주보 속 광고란에 '최훈용' 이름 석 자가 적혀있는 것을 보는 순간 얼마나 기쁘고, 감사했는지 모른다.

그 후 직분자 교육이 시작되었다. 직분자 교육 대상자들은 교육기간 동안 매일매일 성경읽기와 담임목사님 설교말씀 전문 쓰기, 기도문 작성, 목사님 저서 읽기 등 여러 가지의 과제와 매주 모임을 통해서 예배를 드렸다. 한주 한주의 교육을 통해 어느덧 조금씩 변화되어 가고 있는 나의 모습을 발견하게 되었다.

나는 회사에서 그다지 많은 사람을 만나지는 않지만, 늘 많은 대화를 하며 지내는 편이다. 그런데 정말이지 어느 때부터인가 의식적으로든 무의식적으로든 이야기 중에 꼭 그 주에 목사님의 말씀을 통하여 들었던 것들을 얘기하고 있으며, 성경을 읽음으로 알고 있는 것들을 사람들에게 이야기 하게 되었다. 목사님께서 말씀하신 성경적인 실천 강령들을 사람들에게 전하는 나의 모습을 발견하게 된 것이다.

교회의 성전건축이 시작되면서는 처음 우리 교회에 출석했을 때 말씀 중에 성전꼭대기 십자가와 교회간판 등 마음속에 감동이 있는 분들은 자원하라 하시던 말씀이 귓속에 맴돌았다. 그동안 늘 마음속에 죄스런 마음이 있었는데 이젠 나에게도 참여할 기회가 생겼다.

나는 지금 직분자로서의 삶을 준비하며 지금의 나의 모습은 한층 더 말씀중심으로 살아가려 하고, 행하려 하고 교회에서 낮은 자로서 봉사하기를 다짐하며, 바울의 사역에 동역했던 디모데와 에바브로디도처럼 담임목사님의 목회사역에 헌신으로 동역하는 귀한 직분자로 쓰임받기를 원하고 있다.

예수님이 그 시대의 지식인인 바리새인과 서기관을 제자삼지 않고, 사람들에게 존경받지 못하는 세리와 고기 잡는 어부를 제자 삼으셨던 것처럼, 인정받지 못하고 부족한 나를 쓰임 받을 수 있도록 기도해주시고 세워주신 담임목사님과 사모님, 여러 성도들, 그리고 이 모든 것들을 믿음의 주요 온전케 하시는 하나님의 은혜에 감사드린다.

너는 말씀을 전파하라
항상 힘쓰라.

"너는 말씀을 전파하라 때를 얻든지 못 얻든지 항상 힘쓰라"(딤후 4:2).

부족한 저를 복음 전파자로 인도하신 하나님께 감사드립니다. 엘리야 교구 남전도회는 매월 셋째 주 토요일 오후 7시에 교회에 모여 전도용품을 포장하고 기도로 주일을 준비합니다.

저는 오랫동안 전도하는 일에 소홀했었습니다. 전도하는 것에 대한 어려움으로 마음에 부담이 컸습니다. 그러나 산본 역사를 중심으로 역으로 오가는 사람들과 중심상가로 오가는 사람들, 육교를 오르내리며 버스를 타는 사람들에게 복지신문과 주보 등 전도용품을 전하였고 반응이 좋아 감사했습니다.

전도지를 주며 "반갑습니다. 군포제일교회입니다. 예수님 믿으세요." 라고 복음을 전합니다. 그러면 성령께서 주시는 마음에 평안과 함께 전도하는 일에 충만한 기쁨을 경험하게 됩니다.

지난겨울은 정말 추운 날이 많았습니다. 전도하는 주일은 더욱 매섭게 추웠습니다. 눈이 많이 내려 발등까지 빠지는 날이었습니다. 추운 날이라 쉬고 싶은 마음이 들기도 했었지만 하나님의 나라를 전파하라는 말씀에 순종하는 믿음으로 산본 역사로 나갔습니다. 그날따라 나의 주변을 맴도는 노숙자 같은 분이 있었습니다. 그분께 아무도 전도지를 주지 않았는지 나에게로 다가왔습니다. "저도 하나 주시면 안 될까요?" 매우 초라한 모습의 남자였습니다. 저는 그 분께 "예수 믿으세요!" "교회 다니세요!"라고 더욱 힘주어 말했습니다. 하나님께서 그 분을 불쌍히 여겨 예수님을 만나게 하셨으면 하고 지금도 기도하고 있습니다.

수많은 사람들이 우리교회 주보를 받아가며 여러 가지 반응을 보였습니다. "수고하세요. 감사합니다.", "어느 교회죠?"

예수님을 믿는 사람도 있겠지만 믿지 않는 사람들이라면 우리교회 주보를 보고 예수님을 알고픈 마음이 일어났으면 좋겠습니다. 또 우리교회에서 함께 예배를 드릴 수 있었으면 좋겠습니다. 전도지를 돌린 후에는 늘 함께 모여서 손을 잡고 중보기도를 합니다. 주보를 받은 사람들이 우리가 뿌린 씨에 하나님이 싹을 틔우시어 하나님의 자녀 삼으시길 기도했습니다. 담임목사님의 말씀처럼 복음 전파하는 믿음의 사람으로 또 주님의 역사하심을 체험하는 우리 전도팀이 되기를 소망합니다.

은혜의 단비

**poem 10
김용숙

빗방울이 창가에서

미끄럼 타듯 잘도 흐른다

메말랐던 대지도

달콤한 단비에 기쁨의 환호성을 지른다

나도

구원에 목말라 하는 그들에게

은혜의 단비 같은 복음 전하고 싶어

부족한 입술로

우리를 어둠에서 구원하신

예수 그리스도를 전파하길

오늘도 두 손 모아

기도드린다.

나에게
전도란?

story 29

김은숙

신앙 생활하는 사람이라면 누구든지 전도를 잘하고 싶은 소원을 가질 것이다. 나도 역시나 전도를 잘하고 싶었지만 담대하지 못해 너무나 자신 없이 개미소리와 같은 작은 소리로 교회 가자고 이야기 하고는 상대방의 반응에 따라 꼬리를 감추기 일쑤였다. 청년 때에는 '나는 전도 못하는 대신 반주를 열심히 하고 찬양을 열심히 해서 하늘나라에서 상급 받고 싶다'는 생각이 든 적도 있었다. 우리교회에 오고부터는 주보전도는 열심히 했지만 직접 사람을 만나 대화하는 것은 정말 어려웠다.

20년 동안 우리교회에서 담임목사님을 통해 양육 받고 은혜 받으면서 전도하고 싶다는 마음은 불일 듯 했다. 그러던 중 2010년 요양보호사교육원에서 근무하게 되면서부터 예수 믿지 않는 사람을 만날 기회가 생겼다. 요양보호사 교육생들에게 우리교회를 자랑하고 목사님을 자랑하며 열심히 전도는 했는데 교회에 올 듯 올 듯하면서도 오지는 않았다. 한 번은 교육원 사무실에 담임목사님께서 오셨을 때, 이런저런 말씀을 드리던 중 이곳에서 열심히 전도하고 있는데 열매가 없다고 말씀드렸더니 목사님께서 이런 말씀을 해주셨다. "김 집사가 성령이 충만해서 즐겁고 행복해 하면서 전도해야 교회 오고 싶지 김 집사가 기쁨이 없으면 안돼."라고 하셨다.

나는 기뻐서 전도했다고 생각했기 때문에 그때는 이해가 안되었다. 그런데 작년에 전도의 열매를 맺으면서 그때서야 목사님께서 해주신 말씀이 떠올랐다. 신앙의 기본에 충실해야겠다는 생각에 열심으로, 기쁨으로 신앙생활을 하게 되니까 하나님께서 열매를 맺게 해주셨다. 적은 인원을 전도했는데도 전도상을 주셔서 너무 황송했고 앞으로 더 많은 영혼을 하나님께로 인도하라는 뜻임을 알고 감사했다.

이제는 사람을 만나면 우리교회로 오라는 말이 자연스럽게 나온다. 내가 전도할 수 있었던 것은 교회와 성민원의 힘이며, 앞서 하나님 사랑을 사람 사랑으로 실천해온 우리 담임목사님의 배경이 있기 때문이다. 그래서 전도하기에 참 좋다. 어떤 분은 성민원 때문에 교회가 부흥하는 게 아니냐고 말하기도 한다. 그러나 복지기관을 통해 교회 첫발을 딛는 분들도 있지만 목사님의 설교 말씀이 너무 은혜가 되어 등록하는 사람이 대부분이다. 우리 목사님에 대해 소개를 하면 목사님의 말씀을 듣고 싶어한다.

남편 때문에 고민하는 사람을 만났을 때 "우리 목사님은 성도들 가정에서 남편의 권위를 인정해 주십니다. 그러니까 남편들이 힘을 얻어 교회생활 사회생활도 열심히 잘해서 결국 가정이 회복되는 것을 봐왔습니다.” 고 이야기를 하면 그런 목사님이시면 남편과 함께 만나야겠다는 분도 있었다. 또 늦게 결혼해서 빨리 자녀를 갖고 싶은데 1년이 지나도록 소식이 없는 가정을 만났을 때 고민을 하는 그 가정에 나의 간증을 들려줬다. 세 번 유산과 한 번의 사산으로 힘든 시간을 보냈을 때 목사님의 간절한 기도와 사모님께서 베풀어 주셨던 사랑을 받고 정말 힘든 과정을 잘 이기고 자녀를 얻었다는 이야기를 했다.

전도를 위해 사람들을 만나 이런 저런 이야기를 하다 보니 가정의 문제는 거의 비슷한 것 같았다. 나는 그에 대한 해답을 담임목사님을 통해 이미 알고 있었다. 우리교회 성도들의 가정이 목사님, 사모님의 사랑과 강단을 통하여 주시는 말씀으로 회복되는 것을 많이 보았기에 도움이 필요한 가정들에게 그런 이야기를 해 줄 수 있었다.

나는 좋은 교회 속하여 즐겁게 신앙생활하고 있는 것이 얼마나 행복인지 새삼 깨달으며 하나님께 감사의 기도를 드린다. 하나님을 알지 못하는 영혼들이 우리교회를 통해 우리 목사님을 통해 주시는 말씀으로 구원받아 하나님의 자녀가 되어 지역과 사회와 나라를 아름답게 변화시킬 주인공들이 된다면 얼마나 하나님께서 기뻐하실까! 생각하며 더욱 열심히 전도해야겠다는 다짐을 하게 된다.

일 할 수 없는 밤이
속히 오리라.

**story 30

김한숙

75년도에 결혼하여 서울에서 줄곧 살았다.

남편의 정년퇴임을 몇 년 앞두고, 자녀들도 모두 대학을 마칠 때가 되어 2002년도에 공기 좋은 산본으로 이사를 왔다. 산본에 온 후에도 서울에 있는 '사랑의 교회'를 다니다보니 몇 개월이 지나자 약한 몸에 허리까지 아파왔다. 그래서 남편의 권유로 가까이에서 우리가 다녀야 할 교회를 찾아보기로 했다. 몇몇 교회를 다녀보고 예배드리던 우리부부는 지금의 우리 교회를 찾아 말씀도 좋고 성도들의 모습도 좋아서 등록하게 되었다. 우리 자녀들도 예배에 참석하더니 따뜻한 분위기가 마치 우리 집 같다며 좋아했다. 온 가족이 한 마음으로 좋은 교회를 정해서 그런지 오래전부터 다녔던 내 교회처럼 빠르게 정이 들었다.

우리를 보시던 목사님이 되는 집안은 되는 사람이 오게 된다며 좋아하시던 모습이 지금도 생생하다. 목사님의 말씀대로 계속 부흥되는 우리교회, 잘 되고 형통한 성도들과 우리 가정을 보면서 역시 우리교회는 잘 되는 교회이고, 잘 될 사람들이 오는 것을 매주 보게 된다. 우리 부부는 12년 전에 새가족 반을 1기로 수료한 후 지금까지 섬길 수 있도록 하신 하나님께 감사드린다.

나는 15살에 세례 받고 은혜를 체험한 후 불신자 가정에서 받는 많은 핍박을 이겨냈다. 가족을 모두 전도했으며 동생은 목사님이 되는 영광까지 주셨다. 이때부터 전도의 기쁨을 맛보고 하나님의 은혜로 새벽예배를 드리게 되었다. 새벽예배 반주가 필요할 때는 늘 하나님께 쓰임 받는 영광도 지금까지 누리게 하셨다. 이 은혜로 기도시간이 조금만 깊어지면 "십자가로 보여주는 하나님의 사랑을 사람들에게 전하지 않으련?" 하는 아버지의 마음의 소리를 듣는 것 같아 늘 전도하며 또 전도해야 한다는 맘으로 살아왔다. 어느 더운 여름날, 우리부부가 전도하는 것을 본 전도인 권사님이 몸도 약한데 더위에 지치면 안 되니, G샘병원에 가서서 전도하시면 어떻겠냐고 하시기에, 순종해서 병원에 가서 전도하기 시작했다. 그곳은 덥지도 춥지도 않고 또 사람들도 많아 전도하기에 참 좋았다. 병원 뿐 아니라 새벽예배 마친 후 전도를 방해하는 사람들이 안 보이는 새벽시간에 우리 동네 아파트 가가호호 전도지를 꼽아주고 또 노방전도도 하고 있다.

병원에서 전도하던 우리부부는 어느 날 의자에 앉아 있던 인품도 좋아 보이는 멋있는 여인에게 주보와 전도지를 주며 "군포제일교회 권사입니다." 하며 말을 걸었더니, 본인은 권태진 목사님을 너무 좋아한다는 것이다. 그 말을 들은 나는 '우리 성도도 아닌데 왜 그렇게 좋아하지?' 하는 의구심이 들었다. 재빠르게 머리를 스쳐가는 생각을 눈치 채셨던지 그 여인은 "아, 저는 모 교회 목사예요." 하면서 본인 소개를 간단히 하고는 "저는 권태진 목사님의 설교를 매일 듣는데 말씀이 참 좋아요. 정말 좋은 교회에 다니시네요." 하셨다. 본인이 목사님의 설교를 좋아 하는 것은 성경 말씀 안에서 하시는 설교가 너무 좋기 때문이란다. 어찌나 기분이 좋던지 그 날은 전도하는 발이 둥둥 떠다니는 것 같은 기쁨으로 전도했다.

또 어느 날은 부인을 간호하던 남편이 우리의 전도를 받은 후 병상에서 우리를 보면서 자기 부인에게 하는 말이 "여보, 우리도 병원에서 퇴원하면 저 부부처럼 전도하면서 삽시다."라고 하는 것이었다. 그런데 병상에 있던 부인은 그만 3주를 못 넘기고 돌아가셨다. 이런 일을 본 후 전도할 때나 봉사할 때 몸 컨디션이 나빠서 꾀가 날 때면 '일 할 수 없는 밤이 속히 오리라' 이 노랫말이 생각나서 즉시 일어나서 봉사하는 자리, 전도하는 자리로 가게 된다. 봉사할 때, 전도할 때에 오는 기쁨을 맛볼 때면 봉사는 누림이라고 말씀하신 담임목사님의 말씀이 생각나곤 한다. 난 지금까지의 전도의 누림과 기쁨을 알고 있기에 계속 전도할 것이다.

봉사의 누림을 알기에 계속 봉사하며 살리라.

감사의 손

어버이날을 즈음하여 오전에는 선교원 아이들을,
오후에는 요양원 어르신들을 만나러 다녀왔다. 그 날 하루
동안 나는 90년의 세월을 오갔다. 살아온 세월과 살아갈 세
월, 그 한가운데에서 생각에 잠기다 떠오른 성경 한 구절.
"모든 육체는 풀과 같고 그 모든 영광은 풀의 꽃과 같으니
풀은 마르고 꽃은 떨어지되"(벧전1:24).

아장아장 걸음도 시원찮은 아이들은 미래를 헤아려 보려해
도 전혀 예측할 수 없다. 세월이 지나면 알 수 있겠지만 그들
이 장성했을 때를 나는 볼 수 있을까. 한편, 누워있는 침대 하
나가 하루 삶의 전부인 어르신들을 보니 언젠가 내게도 다
가올 날이라 생각되어 매일 자족하고 즐겁게 살다 조용히
떠나겠다고 뜻을 정했다. 단 1분 뒤에 일어날 일도 알지 못
하면서 영원에서 영원까지의 모든 일을 아시고 계획하고 운
영하시는 분 앞에서 무엇이라고 머리를 들 수 있겠는가. 그
저 육체의 소욕을 잠재우고 겸손하게 받아들일 수밖에 없다.
진리 앞에서는 오직 '예'만 하고 순종하는 것이 지혜자의 길
이다. 내게 주신 하루하루는 육체는 흙으로, 영혼은 낙원으
로 가는 길, 그 길에서 분초를 아껴 사랑과 누림의 추억을 만
들어 보자. 천국의 상급을 쌓으며 그 나라에서 영원을 노래
할 날을 기대하니 오늘도 감사의 손 절로 모아진다.

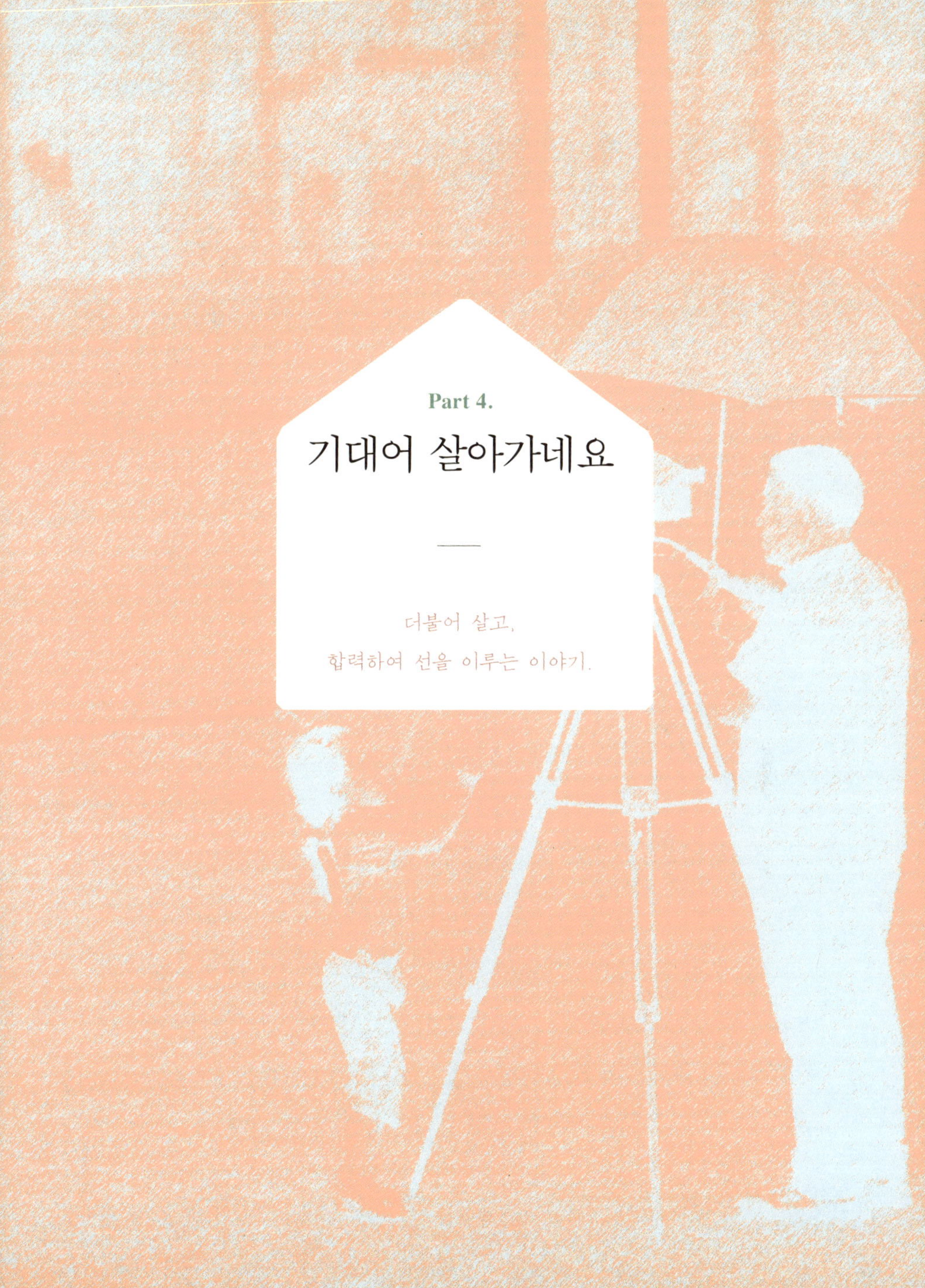
Part 4.

기대어 살아가네요

—

더불어 살고,
합력하여 선을 이루는 이야기.

우리는
하나님의 도구일 뿐이다.

story 31

신윤식
수남제일교회
성전건축공사 책임자

처음에 담임목사님께서 비닐하우스에서 예배드리는 다른 교회를 먼저 지어주라 하셨을 때, 우리 교회 건축도 준비해야 하는 상황이라 의아한 생각이 들었다. 그러나 담임목사님께서 기도하고 결정하신 일이니 기쁜 마음으로 해야겠다고 결심하고 수남제일교회에 건축할 곳을 살펴보러 답사를 다녀왔다. 답사를 마치고 돌아오면서 '세워질 교회를 그려보면 정말 아름다운 교회가 세워지겠지만 구부러지고 비탈지며 잡초가 가득한 언덕 위의 땅, 환경은 너무 좋지 않구나!' 하며 여러 생각을 했다. 모든 일을 기계의 도움 없이 모든 자재를 일일이 손으로 나르며 사람이 하는 수밖에 없었다.

2009년 7월 19일, 남전도회 회원들이 45인승 버스를 타고 찬양을 하며 즐거운 마음으로 도착한 이천시 신둔면 수남리. 비닐하우스에 십자가가 세워진 수남제일교회에서 기공예배를 드렸다. 수남제일교회 목사님의 사회와 우리 교회 요셉찬양대의 찬양, 담임목사님께서 말씀을 전하셨다. 여름의 강한 햇빛과 하우스 속의 많은 사람의 열기로 선풍기와 에어컨이 가동되었지만 얼마나 더운지 얼굴과 등에서는 땀이 줄줄 흘러 내렸다. 그제야 담임목사님께서 왜 이 교회를 건축하자고 하셨는지 알 것 같았다.

그 후로 거의 매일 수남제일교회 목사님과 의논하고 기도하면서 교회 건축을 시작하게 되었다. 처음엔 포크레인을 투입하여 땅고르기를 했다. 그리고 바로 남전도회 회원들이 새벽에 모여 제작한 철구조물을 트럭에 싣고 와서 300여 개가 넘는 포대에 흙을 담아 축대를 쌓고, 쌀자루에 막대기를 끼어 들것을 만들어 흙을 옮겨 땅을 고르는 작업도 했다.

첫째 날 우리 교회 남전도회에서 작업을 하고 간 다음 그 모습을 지켜보시던 주민들이 '저렇게 큰 교회에서 이곳 작은 교회를 도와주고 협력하는구나' 하는 말들이 퍼져 주민들의 생각이 달라졌다는 이야기를 듣고는 너무도 기뻐 힘든 줄도 모르고 작업을 했던 기억이 선하다.

철구조물이 세워지고 지붕에 판넬을 설치할 때였다. 비가 와도 물이 잘 내려가게 하기 위해 지붕을 높였더니 급경사라 작업하기가 너무 어려웠다. 판넬을 올려놓고 루프를 이용해 가까스로 지붕을 다 덮을 수 있었다. 그날은 일에 몰두하다 보니 저녁 8시가 넘도록 작업을 해도 얼굴을 붉히거나 찡그리는 사람 없이 은혜롭게 마칠 수가 있었다.

때론 인원을 체크하다가 다음날 인원이 모자라 기도하고 나면 밤 늦게나 새벽에 "집사님! 내일 봉사가고 싶습니다."라는 전화로 기도에 응답해 주셨다. 부족한 부분을 아시고 미리 채워주시는 주님의 간섭하심을 체험하는 기회였다.

건축현장은 정말 헌신적으로 열심히 일하면서도 화기애애하고 웃음이 끊이지 않았다. 자재를 배달 오신 분이 일하는 모습을 보면서 "도대체 이 더운데 이런 힘든 일을 하면서 뭐가 그리 즐겁고 좋으냐"고 하기도 했다. 아마 우리의 기쁨을 이해하기가 어려웠을 것이다.

한건의 사고도 없이 일의 진행은 순조로웠지만 아찔하고 위험한 순간도 있었다. 위험한 고비를 넘기면서도 마음은 무척 편했는데 그것은 바로 하나님의 도우심이 있었기 때문이다.

담임목사님은 현장을 찾아 오셔서 한 분 한 분 악수하며 격려해주시고 저녁 식사비까지 주셔서 영양식도 먹었다. 고기로 저녁을 실컷 먹게 해주었던 집사님과, 매일 수박과 음료수로 대접했던 집사님, 직접 가서 도울 수 없으니 고기라도 먹고 힘내시라고 삼겹살과 상추, 양념장까지 사서 냉장고에 넣어주셨던 권사님, 그리고 빵과 음료수, 식사비 등으로 후원해주신 고마운 분들이 많았다.

9월 22일, 공사가 거의 마무리 되어가던 날이었다. 수남제일교회 목사님과 집사님이 대화를 나누며 "전날 교회에 다녀가셨던 어르신들도 다 교회 나오실 것 같다."며 좋아했다. 그 모습에 진정 뿌듯했다. 처음 교회로 발걸음을 옮기기가 힘들어도 그 다음부터는 편하게 교회 나와서 행복해 하실 것이 기대되었다.

등위로 땀이 줄줄 흐르며 기공예배를 드렸던 때가 엊그제 같은데 아담하고 깨끗한 예배당이 지어져 온 성도들이 하나님을 예배하며 즐거워할 모습을 생각하니 감개무량하다.

이번 일로 헌신하고 봉사하면서 우리 남전도회가 얼마나 귀한 일을 했는지 알게 되었다. 앞으로 담임목사님의 말씀에 전적으로 순종하고 아론과 훌 같이 힘이 되는 남전도회가 되어서 우리교회 건축하는데도 하나의 불씨가 되길 간절히 기도해 본다.

믿음의 시작이 된
우리교회.

bookreview5

이양순

목사님의 여러 권의 저서를 읽고 감동받을 때마다 마음에서 울컥하는 그 무엇이 있었다.

이번에 목사님의 『아비목회』 책이 새로 출판됐다고 했을 때도 많이 기대하며 구입하였다. 어릴 적 처음 예수님을 알게 됐다가 학창시절엔 이유 없이 싫어해서 멀리한 교회를 결혼하고 나서 마음속으로 간절히 교회에 가고 싶다는 생각이 있었지만 마음만 간절했는데 우연히 전도 받아서 다니게 된 교회. 그래서 나에게는 첫 교회이자 믿음의 시작이 된 소중한 교회가 바로 우리교회이다.

이 책을 읽어보니 나처럼 처음 이 곳에 정착해서 나온 성도 분들의 이야기가 많이 있었다. 우리교회는 정말 거의 목사님과 성도들의 생각이 일치하며 성경말씀 안에 목사님이 바르게 이끌어 주시는 지역의 귀한 교회다. 때때로 뉴스에서나 주변에서 가끔 목사님들에 대한 부정적인 소식들을 접할 때 바르게 목회하시는 목사님들까지도 오해받는 것같아 안타까웠다. 내가 복이 많아 군포제일교회에 속해 있다는 것에 감사를 드린다.

겨자씨보다 믿음이 작은 내가 주일마다 주시는 귀한 말씀을 생각하게 되고 차츰 성경책도 읽게 되고 요즘은 믿음 이라는 것에 대해 많은 생각을 하게 된다. 지금은 서울로 이사를 와 거리가 멀어져있어 때로 생각이 많아지기도 하지만, 고2, 중1 올해 다섯살 막내가 여름성경학교에서 배운 찬송을 하루에도 몇 번씩 부르며 즐거워하는 것을 보면 '가까운 교회로 옮길까?' 하는 마음이 사라진다. 큰 아이들도 어릴 적부터 다닌 우리 교회가 너무 좋다고 한다.

목사님의 말씀을 듣고 교회 안에서 많은 위로를 받으며 잘 섬긴 교회를 거리가 조금 멀어졌다고 딴 생각을 했던 마음이 죄송하다. 목사님은 선견지명을 가진 분이시다. 복지에 먼저 마음을 두시고 작은 것부터 시작한 결과 성민원 안에 많은 복지기관을 성장하게 하신 것들을 보며, 교회를 통해 가난하고 소외된 자들을 향한 하나님의 사랑이 전파되는 것을 느낀다.

예수님이 이 땅에 오셔서 병든 자, 가난한 자들을 불쌍히 여기시고 고쳐 주시고 가난한 자들을 살핀 것 같이 목사님을 보면 예수님의 향기가 느껴진다. 사랑은 말로는 쉽게 할 수 있지만 실천하는 것은 예수님의 사랑이 있지 않으면 결코 할 수 없는 것이라고 생각한다.

군포제일교회는 아이와 어른들이 모두 함께 행복한 교회라는 생각이 든다.

하나님께 두는 소망.

story 32
김구석

나는 어릴 적부터 사람들에게 무엇을 나눠주는 일을 참 좋아했다. 심지어는 부모님께서도 늘 걱정을 하셨다. '저렇게 퍼 주기만 해서 어떻게 먹고살지 걱정' 이라는 소리까지 들을 정도였다. 정말 나는 나눠주는 것을 좋아한다. 받는 사람의 기쁨과 감동이 느껴질 때마다 너무나 행복하다. 그렇기에 나는 더욱더 정성을 다한다. 이것이 하나님께서 나에게 주신 은사요, 달란트라고 생각한다.

나는 지난 몇 년 동안 나누어 주는 것이 하나님이 기뻐하실 일임을 알게 되었다. 그래서 힘닿는 대로, 기회가 오는 대로 최선을 다하여 후원하고 도우려고 애를 썼다. 그것은 나의 보람이었고, 내 스스로의 자부심이었다.

하지만 이러한 일들이 반복되면서 어느새 내 마음엔 기쁨은 사라지고,

의무감만 자리 잡게 되었다. 왜! 이런 원치 않는 마음이 생겼을까! 곰곰이 고민해 봤다. 그러면서 '그동안 나는 이 일을 하면서 주님이 주체가 되지 않고 내가 주체가 돼서 나의 의가 드러나는 기회로 삼았구나! 이런 헌물은 하나님이 기뻐하지도, 받으시지도 않으시고 결국은 공중으로 흩어 뿌려져 사라져 버릴텐데…….' 하고 깨닫게 되었다.

오직 주님께서 주신 것으로 기뻐하고 그에 대한 순종으로 드리는 것만을 하나님께서 기뻐하시고 그 물질이 하나님의 영광을 위해 사용된다는 것을 깨닫게 되었다. 나는 주님께 순종하는 것이 얼마나 큰 은혜요, 기쁨인지 깨달으며 감사하고 있다.

이제는 주님께서 우리교회를 통하여, 성민원을 통하여 이런 기쁨의 일들을 하게 하실 줄 믿는다. 광야에서 샘물이 솟고 사막에서 꽃이 피는 그런 아름다운 날들이 속히 오기를 기도하고 있다.

끝으로 내가 가장 사랑하는 말씀으로 이 글을 마치려고 한다.

"네가 이 세대에서 부한 자들을 명하여 마음을 높이지 말고 정함이 없는 재물에 소망을 두지 말고 오직 우리에게 모든 것을 후히 주사 누리게 하시는 하나님께 두며 선을 행하고 선한사업을 많이 하고 나누어 주기를 좋아하며 너그러운 자가 되게 하라 이것이 장래에 자기를 위하여 좋은 터를 쌓아 참된 생명을 취하는 것이니라(딤전6:17~19)

내 영혼에 햇빛, 비치다

저는 특별히 종교를 갖고 있지 않다가 마흔이 다 되어 우리 교회를 통해 신앙생활은 늦게 시작하게 되었습니다. 이전의 나에게 종교는 마음을 정화하고, 쉬고 싶을 때 찾아갈 수 있는 곳 정도였습니다. 아니면 나 혼자 충분히 세상과 더불어 살 수 있다는 자만감도 있는 청년으로 살고 있었습니다. 그러나 우리교회를 만나고 좋은 목사님, 좋은 아내를 만나며 많은 것이 변화되었습니다. 저로서는 너무도 과한 축복을 받고 결혼하게 되었고, 이렇게 시작된 결혼 생활이 행복만이 있으리라는 생각을 하며 갖게 된 은애는 다운 증후군으로 태어났습니다.

막상 장애아를 낳고 보니 담담했던 마음들이 와르르 무너지고, 암울한 미래와 어떤 수치심 같은 것이 교차하면서 하염없이 눈물만 났습니다. 우리 가정의 이야기는 『아비목회』 책 속에 '이지영 집사'의 이야기로 소개되었습니다. 우리가 어찌할 바를 모르고 홀로 울고 있을 때 바쁘신 중에도 산모를 찾아오신 목사님은 "무거운 짐 다 내가 지고 갈게 건강만 해라"라고 말씀하셨습니다. 이 말씀을 통해 우리는 우리들의 짐을 다 알고 계시구나.

그리고 더 멀리 더 깊은 것을 보시는 목사님의 사랑을 깨닫게 되었습니다. 이 시기에 교회에서는 목사님, 사모님 그리고 많은 성도들이 은애를 위해 많이 기도해 주신 걸 기억합니다.

은애가 세상 밖으로 나오면서 '선교원이 없었다면, 교회가 없었다면 어떻게 키웠을까?' 하는 생각을 지금도 합니다. 우리 교회가 얼마나 사랑이 많은 교회인지, 저는 선교원을 통해 절실히 느낍니다.

목사님이 성도를 가족처럼 사랑하셔서 어려운 가운데도 유지하신 선교원이 원아들 간에 편견이 없는 사랑, 부족한 아이의 부족을 기다려 주는 아이들과 자모들, 선생님들의 사랑과 헌신, 목사님 사모님의 사랑의 기도와 만나 주심을 선교원을 통해 많이 봤습니다.

지금은 은애가 기죽지 않고 밝고 명랑한 아이로 자라 이제 초등학교 1학년이 되었습니다. 너무 당당한 모습으로 학교에 가서 또래 아이들과 잘 어울리고 있습니다. 또래 아이들을 따라 가려고 무던히 애를 쓰지만 마음대로 안 되는 것을 보면 안타까울 때도 있지만 은애를 하나님이 지키심을 믿습니다.

둘째 성애를 통해서는 공평하신 하나님이라는 생각을 많이 합니다. 너무 일찍이 말도 잘하고 총명한 둘째 아이를 주셔서 은애를 통해 못 느꼈던 아이 키우는 또 다른 면을 많이 보고 있고, 부족한 아이와 과한 아이의 사랑을 조절하는 법을 말씀 속에서 배우고 있습니다.

은애와 성애로 인해 우리집에는 웃음꽃이 만발합니다.

저 자신도 한 가정의 아버지입니다. 살다보면 때로는 감정도 폭발하고, 하다가 포기도 하고, 좌절도 합니다. 이 모든 것이 마음이 평안하지 못하고 출렁일 때 일어나는 현상이고, 내면에는 사랑이 부족함에서 오는 현상으로 봅니다. 만약 담임목사님이 천명이 넘는 성도를 이런 마음으로 보셨다면 아마 지금쯤 화병이 나셔도 여러 번 나셨을 것입니다.

하지만 아비 목회로 성도들의 가정을 사랑으로 품고 기다리시기 때문에 조급해하지 않으셨습니다. 담임목사님은 아비목회 사랑을 통해 성도의 아픔을 사랑으로 품고 기억하셨다가 둥지를 만들어 주시고 회복하게 하셨습니다.

이렇게 저희가 신령한 가족이 되기까지 붙들어 주신 목사님, 사모님 감사드립니다. 오래 오래 행복한 가정으로 함께 섬기며 가기를 기도하겠습니다. 감사합니다.

기대어 살아가네요

혼자서는 살 수 없어
기대어 살아가네요

봄부터 보아온
담쟁이 넝쿨
여름이 되니
푸르름과 넓이가 더해져 가고

가을이 되니
알록달록 길가는 이의
시선을 사로 잡네요

담쟁이 넝쿨
담벼락을 떠나서는
홀로 설 수 없음같이

저도 주님을 떠나서
아무것도 할 수 없네요

겨울을 기다리는 담쟁이 넝쿨
님 안에서 오늘도
하루하루 소망의 인내를
이루어 가네요.

담임목사님께서 한 주간을 육신의 연약으로 강단에 서시지 못하고 모든 성도들이 특별기도기간을 가지며 우리교회 기도의 기적을 체험하는 기간동안 교사 강습회와 기도회를 통하여 여름성경학교가 준비되었습니다.

교사 헌신예배를 통해 교사가 먼저 말씀에 은혜받고 성령의 사람으로 거듭나야 주일학교 부흥과 아이들의 평생을 좌우한다고 말씀해주시고 주일학교를 위해 기도해주시는 담임목사님의 모습을 보며 여름성경학교를 더욱더 말씀과 기도로 준비했습니다.

전교사가 팀별로 헌신했고 아비목회 책을 통해 우리교회의 역사를 다시 읽고, 책속의 주인공처럼 나도 주인공으로 섬겨야겠다고 다짐하면서 교사 기도회를 주관할 때, 눈물로 기도했던 교사들의 기도는 우리 모두가 하나님의 은혜 가운데 한 가족임을 체험하게 했습니다. 믿지 않는 친구들, 군포시의 어린이들을 모두 끌어안고 가자고 외쳤습니다. 아이들이 함께한 책갈피 전도는 주일학교 부흥의 뿌리가 될 줄 압니다. 개강예배로 은혜받고 토요일 맛있는 점심을 먹고 시작된 워터 슬라이드에서의 즐거운 한때는 우리교회만의 자랑입니다. 돈이 있어도 못하고, 아무리 하고 싶어도 못하는 것을 우리교회는 할 수 있기 때문입니다. 뿐만 아니라 새가족들도 많이 초청되었습니다.

폐회예배에서는 예수님 사랑 아버지의 사랑을 다시 한 번 깨닫게 하고 도전 성경 골든벨을 통하여 말씀이 충만한 교회임을 만끽하게 됩니다. 믿자 않는 친구들이 더 오지못한 아쉬움이 남지만 더욱 기도하고 전도하며 우리들만의 축제가 되지 않도록 하고 싶습니다. '예수님의 사람' 이라는 주제곡처럼 예수님 닮아가도록 그 사랑을 전했습니다. 이제부터 여름성경학교의 기적으로 부흥이 일어나며 담임목사님의 기대와 교사들의 기도제목이 다 이루어지는 역사가 나타날 것입니다.

은혜의 시간들이었습니다. 함께하신 하나님께 감사드립니다. 담임목사님 사모님께 감사드리고 지도교사들, 담당 부목사님, 임원교사들 모두의 수고에 감사드립니다.

교회학교 학생 여러분, 사랑합니다. 할렐루야!

_ 2014년 여름성경학교를 마치며

이스라엘에서
받은 은혜.

story 35

신수진

우리는 2013. 10. 24일부터 30일까지 7일간 동안 이스라엘 성지답사를 하고 돌아왔다. 이번 성지답사는 담임목사님과 사모님을 비롯해 모두 28명이 함께했다. 7일 간의 시간을 마치고 일상으로 돌아왔지만, 아직도 그 감격의 잔상이 남아있다. 기간 중 답사일정은 거의 매일 새벽 6시부터 시작됐지만 버스에 몸을 싣고 담임목사님의 기도로 하루를 시작하면, 저녁 늦게까지 담임목사님과 만남을 통해 하루를 정리하던 모든 시간이 큰 감동이었다.

우리는 예수님이 우리를 위해 고난을 당하셨던 곳, 수많은 이적을 행하셨던 역사의 길, 말씀에 순종하지 않았던 슬픈 현장 등……. 특히 그 현장에서 말씀을 들으며 아련했던 생각들을 확연하게 정리 할 수 있었고, 흩어져 있던 퍼즐 조각들이 하나 둘씩 제자리를 찾아가는 듯한 정리의 감격을 맛볼 수 있었다. 특별히 곳곳에 담임목사님께서 말씀해주시는 성지에 관한 이야기는 현장에서 우리에게 더욱 큰 영적 감동으로 다가왔다.

예루살렘에서는 예수님의 행적을 보면서 은혜의 시간을 가졌다. 십자가의 길을 걸으며 구원받은 내가 주어진 소명에 최선을 다하지 못한 모습을 생각하며 회개했고, 중간 중간에 찬양과 말씀으로 감동을 많이 받았다.

통곡의 벽에서 기도하는 유대인들을 보며 예수를 보지 못하는 그들을 불쌍히 여겼고, 성벽 밖에 있는 무덤은 메시야가 오면 가장 먼저 부활하겠다는 저들의 마음가짐에 대해 생각해보게 했다. 베들레헴에 둘러져 있는 자치지구의 장벽을 보면서 팔레스타인과의 분쟁의 종결을 위한 기도가 절로 나왔다. 아기 예수 탄생교회 안에서는 마침 결혼식을 하고 있었는데, 매우 엄숙히 진행되는 경건함이 우리와 다름을 알 수 있었다.

사해바다는 참으로 기쁨과 감사의 물결이었다. 답사에 지친 영혼을 짧은 시간에 꿀맛 같은 휴식과 큰 웃음으로 함께 지낸 시간이 좋았다.

갈릴리호수 지역은 예수님이 자라고 공생애를 시작하시고 부활 후 나타나신 곳이다. 바다보다 200m나 낮은 곳에 위치해 있지만 우리가 마시고 농작물을 키우는데 쓸 수 있는 물로 충만해 있고, 또 그곳에는 우리가 먹을 수 있는 많은 고기가 자라고 있었다. 이 호수는 잔잔할 때 보면 한없이 평안하고 행복했다. 그러나 우리는 보지 못했지만 바람과 파도가 일 때는 두려운 모습으로 변하기도 한다고 들었다. 나는 이런 신비한 성지에서 하나님의 말씀 듣기를 기도하였다. 아침에 일어나 갈릴리 해변을 걷고 뛰면서 예수님의 말씀과 사역을 묵상하였다. 태양이 떠오르고 햇빛이 호수 면에 비칠 때, 호수는 정말 아름답고 평안하고 신비로웠다.

그 때 불렀던 갈릴리 호숫가라는 찬양은 나를 가슴 벅차게 했다. 이천년 전 역사현장에 예수님이 제자들과 함께 하셨던 곳에 담임목사님과 우리가 있다는 사실에 너무나도 감격했다. 그래서 갈릴리 호숫가 답사는 지금도 기억이 생생하다. 이동시간의 찬양과 선상예배의 성찬식은 은혜의 물결이었다. 모두 기쁨으로 주님을 만나는 모습은 정말 아름다운 모습이었다.

그러나 수십 수백 년간의 시간과 수많은 인력, 그리고 정성을 투자해서 건설한 귀중한 성전과 문화유적, 그리고 풍요롭고 화려했을 삶의 터전들이 흔적도 없이 폐허가 되어있어 안타까웠다. 폐허가 된 원인은 국가 간, 종교 간의 전쟁에서 패배해 점령자들에 의해서 조직적으로 파괴되었기 때문이다.

나는 이러한 사실들을 현장에서 접하면서 우리의 신앙과 삶의 가치, 바른 성경적 가치관을 지키기 위해서 어떻게 해야 할 것인가를 생각해보았다. 우리는 국가의 안전과 튼튼한 안보 대비 태세를 갖추기 위해 관심을 갖고 기도와 노력과 헌신을 해야하며, 우상을 숭배한 자들은 결코 흥하거나 존속될 수 없다는 것을 알고 경계와 주의를 늦추지 말아야겠다고 생각했다.

금번 성지 답사는 바쁘게 돌아가는 일정이었지만 마음은 은혜와 감사가 충만하였고 성경적 가치 있는 삶을 사는데 필요한 귀중한 교훈을 얻는 기회가 되었다. 또한 누구와 동행하느냐가 참 중요하다고 다시한번 느꼈다.

비행기에서 내려 다시 한국 땅을 밟으니 산에 나무가 많아 아름답고, 자유롭게 예배할 수 있어 행복했다. 이런 땅을 주시고, 살게 해주신 하나님께 감사의 기도가 나왔다. 이 땅을 잘 지키고 감사하며 살아가야겠다고 생각했다.

가는 곳마다 마음에 은혜와 감동의 느낌이 많았지만 감격대로 다 글을 적을 수 없는 부족한 글재주를 안타까워하며 이만 줄이려 한다. 이러한 기회를 허락하여 주시고 그리고 답사기간 중 내내 기도와 찬송하며 은혜 충만함으로 함께 기뻐하고 감격하며 행복한 순간들을 만들어주신 담임목사님, 사모님, 동행한 모두들께 감사드린다. 무엇보다 처음부터 이 성경지리답사를 주관하시고 동행하시며 인도하신 하나님께 영광을 돌린다.

'시인의 언덕' 모임에
참여하면서.

한 남편의 아내로 산 지 9년째 접어들었다. 결혼이라는 제2의 인생을 시작한 후 육아로 인하여 내 자아는 잠시 접어 두었다. 그렇다고 뭐 그리 화려할 만한 것을 내세울 것도 없는 서른까지의 삶이었다. 또 지금 불혹을 내다볼 나이가 되었지만 여전히 갈 길을 헤매며 살고 있다.

읽을거리가 늘 부족했던 가정형편 속에 난 닥치는 대로 소설과 시를 읽으며 인생을 배우고 희로애락을 느끼며 청소년기를 보냈다.

국문학을 전공하고도 나의 낮은 자존감으로 인해 내 뜻을 펼칠만한 글 하나 쓰지 못하고 신앙과 신념사이에서 갈피를 잡지 못한 채 어른이 돼 버렸다.

그러던 중 '시인의 언덕' 모임의 리더인 집사님께서 제의를 해오셨다.

함께 문서선교로 봉사하지 않겠느냐고……. 내 형편과 자질로 보아서는 거절해야 마땅할 것을 "예"라고 순종한 것이 내게 은혜의 통로가 될 줄 꿈에야 알았겠는가!

Good TV의 프로그램 '시인의 언덕'에서 낭송될 시를 선정하고 재해석하며 또 기도제목을 나누는 형식의 정기적 모임을 가진 지 넉 달째 접어들었을 뿐인데도 금식을 시작할 때마다 하나님께서 이미 시작하는 순간부터 모든 문제를 해결해 놓고 기다리셨던 것처럼 내게 은혜로 채워주시고 기쁨을 허락하시고 기대감으로 풍성케 하셨다. 얼마나 감사한지 모른다. 긍정적인 담임목사님 시를 읽고 내 속에 있는 자아가 새로 깨어나는 느낌을 받았다.

하나님의 자녀가 아니었다면 그저 왔다 그저 가는 인생이 될 뻔했으리라. 또한 내가 배운 학문들이 그저 나를 만족시켜주는 도구로만 쓰였을 것이다.

하나님께서 어떻게 나와 우리 모임을 이끌어 가실지 알 수 없지만 하나님 나라를 이루어가는 도구로 사용하실 거라면 그럴만한 은사 또한 주실 거라 믿고 내게 주어진 일들 잘 감당해야겠다.

하나님의 지혜롭고 섬세하신 돌보심에 하루하루 감탄이 절로 나온다.

내 영혼에 햇빛, 비치다

story 37

방애심, 성은숙
안양시 장애인종합복지관

방애심(주간보호센터 前 팀장)

성민원 수탁 1주년을 맞이하면서 제 머릿속에는 많은 생각이
스쳐지나갑니다. 수탁이 확정되기 전 새벽기도를 하면서
시편 28편을 읽고 또 읽으며, 하나님은 공의로운 판단을 하신다는
믿음으로 마음을 다잡았습니다.

성민원이 수탁 받던 날, 제 기도를 들어주신 주님께 감사기도를
드렸던 것이 엊그제 같은데 벌써 함께 한 시간이 1년이 되었습니다.

권태진 목사님께서 직원들을 격려하면서
"성민원 식구가 되었으니 꼭 잘 붙어있으세요."라고 하셨던 말씀이
큰 힘이 되었습니다. 조용히 손을 잡아주시면서 기도해주시고
"두려워 마십시오, 우리 성민원과 함께 합시다.

하나님의 보호아래 잘 될 것입니다."라며 믿음을 주신 목사님의
따뜻한 손길이 아직도 생생합니다. 그 후에도 이사장님은
복지관을 자주 방문하시고, 만날 때마다 "하나님을 아는 복지관은
뭔가 다르지요. 한국에서 제일가는 최고의 장애인복지관으로
만들어봅시다." 라며 확신에 찬 목소리로 직원들을 격려하셨습니다.
목사님의 끊임없는 격려와 관심이 부담스러울 때도 있었고,
또 참뜻을 이해하지 못하고 의심을 할 때도 있었지만 제 자신이
어리석었다는 것을 이제야 깨닫습니다.

　　복지관 직원 모두에게 지난 1년간은 변화와 적응의 시기였습니다.
한 달에 한 번 드리는 직원예배, 군포제일교회 교인들과의 체육대회,
이사장 목사님과 함께 하는 직원 연수. 정말 새로운 경험들이
저희 자신들을 변화시켜 갔습니다.
이러한 모든 행사들이 순기능이 되면서 직원들은
얼굴이 평안해지고 더 밝아졌으며 지금은 함께 의기투합하면서
'파이팅!' 을 외치고 있답니다.
"빨리 가려면 혼자가고, 멀리 가려면 함께 가라"는
아프리카 속담처럼 새로운 마음으로 우리 복지관의 비전인
'섬김, 나눔, 사랑실천' 으로 장애인복지관 직원과 성민원,
장애인분들과 함께 복지공동체의 희망과 꿈을 갖고
천천히 희망의 노래를 불러봅니다.

성은숙(총무팀)

시간이 참 빠르다고 느껴지는 것은 성민원과 인연을 맺고

더 숨가쁘게 열심히 뛰어온 1년의 성취감 때문이 아닌가 하는

생각이 듭니다. 설레임 반 기대 반이었던 2년이 마치 파노라마처럼

스쳐지나갔습니다. 혼자로서는 힘들었을 많은 일들이

성민원이라는 법인이 있었기에 가능하지 않았나 하는

감사한 시간들이었던 것 같습니다.

처음에 이사장님이 오셔서 안양시관악장애인종합복지관이

성민원을 원해서 온 것이라고 하셨을 때 그 말씀을 이해하지 못했는데

시간이 지나면서 정말 그렇구나 하고 느끼는 일들이 많았습니다.

법인 행사를 참석하면서 처음엔 반감도 조금 있었고

의무적으로 참여하였으나 항상 그 뒤에 무엇인가 모를 감동이 있었으며

시간이 흐르면서 성민원 사람이 되어 스스로 참석하고 함께 하고 싶은

저 자신을 보았습니다. 저 혼자만의 느낌이 아니라

복지관 직원들 모두가 변해가고 있음이 느껴집니다.

함께하는 조직을 만들고 감동시키고 변화시키는

성민원과의 만남에 감사드리며

성민원과 함께 섬김, 나눔, 사랑을 실천하는

안양시관악장애인종합복지관의 아름다운 동행이

언제까지 함께 하길 소원해봅니다.

장백폭포 밑에서

**poem 12
박용구

너를 먼 발치에서 바라보고 있노라니

하얀 미소로 나를 오라하네

그 부름에 견딜 수 없어

자존심 다 버리고 곁으로 다가가니

형언할 수 없는 물

그림을 그려도 보이고 고함도 치고

그것도 부족하여 향수를 뿌리며

나를 환영하여 주는구나

둘도 없는 친구 되고 싶어 너에게 안기니,

발끝에서 머리까지

시린 진동을 보내어 시험하더니

견딜 수 없는 모습 보며 가라하네

준비되지 않은 사랑

돌이켜 세우눈 비정함에 서운하지만

위대함과 장엄함

속에 있는 따뜻함은 잊지 않고 노래하리라.

소망기도.

나는 싸이처(Cyber teacher의 줄임말)다. 조금 생소하게 느껴질 지 모르지만 인터넷으로 학생들을 가르치는 일을 하고 있다. 비록, 인터넷 공간이지만, 학습의 방향을 제시해 주고, 부족한 부분을 짚어주고 그들의 고민을 들어주다 보니 이제는 사춘기가 된 아이들이 나에게 비밀 이야기를 하고 나의 말에 귀를 기울이며 나를 의지하는 것을 보며 보람을 느낀다.

나를 이 곳으로 보내신 주님의 뜻이 내 삶 가운데 이뤄지기를 기도하던 얼마 전, 신실하신 하나님을 만났다.

우리 반에 공부 잘 하고 아주 똘똘한 주원이라는 개척교회 목사님 자녀가 있다. 그 흔한 학원 하나 안 다니고도 늘 1등 하던 주원이. 다른 욕심은 없고 공부 욕심만 있던 그 아이가 생활이 어려워져 학습을 지속할 수 없게 되었다.

"선생님~ 그 동안 너무 애써주셨는데, 도저히 이제 어떻게 해 볼 수가 없네요. 몇 달 동안 회비도 못내서 선생님께도 너무 죄송하고, 건물 임대

료가 많이 나가다 보니 너무 빠듯합니다. 주원이가 계속 공부하고 싶다는 것을, 겨우 설득했어요. 죄송합니다. 밀린 회비는 조금씩 내겠습니다. 학습 중지해 주세요.”

주원이 어머니의 말씀에 너무 너무 마음이 아팠다.

“주원아, 선생님이 너 꼭 졸업시키고 싶어. 방법을 찾아 볼 테니 절대 포기하지 말자. 하나님이 너에게 어떤 은사를 주셨는지 알지? 넌 분명히 하나님께 크게 쓰임 받을거야.”라고 말하는 나도, 힘 없이 대답하는 주원이의 목소리도 떨렸다. ‘아, 하나님 도와주세요. 도울 방법이 없을까?’

기초생활 수급자라면 회비전액면제하는 제도가 있긴 했는데 주원이는 해당이 안됐다. 그 때부터 내 마음은 바빠지기 시작했다. 회사의 온 규정을 다 뒤지며, 혹시나 주원이를 도울 방법이 없나 찾기 시작했다. 그러던 중, 주원이와 비슷한 사연을 가진 아이가 있었다는 얘기를 듣게 되었다.

두근대는 마음으로 열 일을 제쳐놓고 해당 선생님께 문의를 했지만, 그 아이는 회비면제 대상이 안되었단다. 실망하고 낙심해 있던 차에, 규정 깊숙히 숨어있는 ‘차상위계층에 대한 규정’ 을 발견했다. 눈이 번쩍 뜨인다.

혹시 주원이가 여기에 해당되지 않을까? 설레는 마음으로 수화기를 들었다. 주원인 차상위2종이란다. 할렐루야! 회비전액면제는 물론이다. 어찌나 기쁘고 감사한지 나도 울고, 주원이 어머니도 울었다.

하나님께 무릎꿇고 아들의 장래를 위해 울었을 목사님 부부. 그 기도에 응답하신 신실하신 나의 아버지! ‘저를 이렇게 사용하여 주셨군요. 감사해요. 사랑해요!' 벅찬 감동과 감격이 나를 에워싼다.

처음 입사 할 때 "나는 이 곳에서 주님의 이름으로 승리할 것이라" 선포했다. 힘든 상황도 여러 번 있었지만, 그 때마다 주님은 내게 헤쳐 나갈 수 있는 힘과 용기를 주셨고 지금껏 내가 한 것 보다도 더 많은 것으로 내게 채워 주셨다.

많은 동료 선생님들이 나를 보며 하나님을 만나기를 원하며 저들의 삶 속에도 주님의 동일한 은혜가 함께 하기를 기도한다. 또 내가 가르치는 아이들이, 지금은 작고 연약한 모습이지만, 미래에 많은 새들이 깃들 수 있는 큰 나무가 되기를 소망한다.

더불어 나 또한 교회 안에서 주신 사명 잘 감당하며, 충성된 주의 일꾼으로 더욱 쓰임 받기를 간절히 기도한다.

story 39
백은옥

올해 처음으로 주일학교 교사로 봉사하며 매주 아이들을 만나면서 제가 많이 배울 수 있었고 또한 아이들에게 받은 사랑으로 행복하였습니다. 저 또한 선교원과 주일학교를 통하여 어린 시절 목사님, 사모님 사랑 안에서 선생님들의 따뜻한 가르침을 받으며 주님 안에서 바르게 성장할 수 있었습니다.

항상 성도들을 위한 든든한 버팀목이 되어주시는 담임목사님의 아비목회 속에서 받은 사랑과 함께 그 동안의 가르침에 보답하는 길은 이젠 청년이 된 제가 우리 교회 주일학교 어린이들을 섬기며 봉사하는 것이라고 생각하였습니다.

주일마다 아이들을 만나면서 일주일 동안의 세상 속에서의 나의 생활을 돌아보게 되고 반성하면서 더욱 더 아이들에게 예수님의 사랑을 전하기 위하여 제 자신을 점검하게 되었습니다.

지난 번 거창중앙교회 초청 예배때는 아이들의 활기찬 에너지와 함께 예수님을 향한 열정과 그들의 확실한 믿음을 보면서 제가 많이 부끄러웠습니다. 그 아이들이 그렇게 믿음의 사람이 되기까지 주일학교 교사들의 보이지 않는 헌신과 기도, 그리고 강한 믿음이 있었음을 느낄 수 있었습니다. 아이들이 믿음의 확신을 가지고 전도하는 모습을 보고 제 자신이 많이 부끄러웠고 회개하는 시간이 되었습니다.

매주 아이들을 만나면서 나는 과연 아이들에게 어떤 선생님이었는지 생각해보니 무엇 하나 자신 있게 말할 수 있는 부분이 없었습니다. 아직 많이 부족하지만 선생님으로서 아이들을 위해 기도의 배경이 되어야겠다고 다짐하였습니다.

너무나 어지럽고 험난한 세상 속에서 말씀을 기준으로 살아갈 수 있도록 뒤에서 기도하는 것이 부족한 제가 아이들에게 해줄 수 있는 가장 큰 가르침이라고 생각합니다.

저 또한 20년 넘게 우리교회에 속하여 받은 사랑으로 주일학생 시절뿐만 아니라 청소년기까지 방황 속에서도 중심을 가지고 바르게 성장 할 수 있었습니다. 이렇게 주일학교 교사를 하면서 느낀 점은 그 동안 제가 교회 안에서 많은 사랑을 받으며 성장하였으며 그 사랑을 깨닫지 못하고 지내왔다는 것입니다. 당연한 줄만 알았던 성도님들의 봉사와 섬김은 목사님과 교회를 향한 큰 사랑이었으며 이 사랑의 기본배경은 목사님의 아비목회에서 시작되었다는 것을 깨달았습니다.

저 또한 아이들의 미래를 위하여, 이 아이들이 이끌어 나갈 우리교회의 미래를 위하여 기도에 힘쓰고자 합니다.

하나님이 보시기에 기뻐하시는 믿음의 아이들이 될 수 있도록, 주님이 "네가 나를 사랑하느냐" 물으실 때 믿음으로 자신 있게 대답할 수 있도록 아이들을 위하여 기도하고 더 많이 사랑하겠습니다.

끝으로 아낌없는 사랑과 기도의 배경이 되어주신 목사님 사모님 감사드립니다.

행복한 가족

** poem 13
심재원

우리는 행복한 가족

주님 안에 사는

한 가족이기 때문이다

우리를 위해 죽으신 예수님

나는 슬프지만 기쁘다

우리의 죄를 씻어 주셨으니까

우리는 행복한 가족

주님 따라 사는 사랑의 가족.

나의 배경이 되는
우리 교회, 우리 목사님.

story 40

Chosen Nedu
츄즌 목사, 나이지리아

하나님의 은혜로 문안드립니다. 저는 나이지리아에서 파송되어 한국으로 온 Chosen 목사입니다. 제 가족을 소개하자면 아내 JOY(기쁨)와 Triumph(승리), Prosper(번영)라는 이름의 아들이 있습니다.

무엇보다도 먼저 하나님께 감사드릴 것은 하나님의 신령한 인도하심으로 군포제일교회라는 아름다운 교회와 사랑이 넘치는 좋은 담임목사님을 만나게 된 것입니다.

처음 한국 땅을 밟고 3년을 머무는 기간 동안 군포제일교회로 인도함을 받았습니다. 군포제일교회 담임목사님과 성도들은 제게 너무도 따뜻하게 대해 주셨습니다. 이후 나이지리아로 돌아갔다가 두 번째 한국에 방문했을 때에도 담임목사님은 저에게 함께 일할 수 있는 도움의 손을 내밀어 주셨습니다.

군포제일교회와 담임목사님을 알게 된 것도 벌써 8년이 넘었습니다. 해가 거듭될수록 저에게는 은혜의 시간이 되고 있습니다. 이제 군포제일교회는 저에게 있어 가족과 같습니다.

최근 두 번째 한국에 왔을 때 저는 한국에서 어떻게 정착을 하고 문화, 환경, 인종, 피부색이 다른 환경에서 어떻게 적응을 해야 하는지를 걱정하지 않을 수 없었습니다. 이런 것들이 제겐 새로운 도전이 되었습니다.

아프리카의 경우 사람들은 상당히 느리며 아주 쉽게 모든 일들이 진행이 됩니다. 그러나 한국에서는 '빨리 빨리' 라는 말처럼 모든 것이 빠르고 열정적으로 진행이 됩니다. 그래서 처음에는 한국에 온 것이 잘못된 것이 아닐까 하는 걱정도 있었습니다. 한국말을 몰라 설교도 할 수 없었고 경제적인 이유로 학교에 갈수도 없었습니다.

그러나 우리 담임목사님을 만나며 모든 것이 변하기 시작했습니다.

군포제일교회에서는 한국말도 못하던 절 받아 주셔서 영어 성경 공부를 가르치도록 배려해 주셨습니다. 인턴으로 목사님의 사역을 도울 수 있는 기회를 갖게 되었습니다.

처음엔 두려움이 컸습니다. 이곳에서 무엇을 어떻게 시작해야 할지, 제 자신에 대한 확신이 없었습니다. 그런 저에게 목사님은 두 가지 질문을 하셨습니다. 첫 번째 질문은 "얼마나 오랫동안 신앙생활을 했느냐" 였습니다. 전 25년이라고 대답을 했습니다. 두 번째 질문은 "얼마나 영어를 공부했느냐"고 물어 보셨습니다. 그래서 23년이라고 대답을 했습니다. 목사님께서는 제게 하나님의 도움으로 무엇이든 할 수 있다고 확신을 주셨습니다. 두려워 말라고 하셨고, 그 순간 그 말씀을 듣고 나의 두려움과 걱정은 모두 사라졌습니다.

전 이때 담임 목사님께서 제 자신도 찾지 못하는 저의 가능성을 보심에 놀랐습니다. 하나님의 은혜로 담임목사님이 주시는 말씀의 권위를 인정했습니다.

저는 현재 제 일을 충실히 잘 해나가고 있습니다. 그 배경에는 "하나님의 은혜로 무엇이든지 잘 할 수 있다."는 담임목사님의 말씀이 힘이 되었습니다. 전 Bible college란 곳에서 신학 학사를 취득하였으며 현재 담임목사님과 교회의 계속적인 도움으로 M.div 과정을 하고 있습니다.

지금까지 군포제일교회는 저에게 든든한 지원자가 되고 있습니다. 모든 저의 학문적인 성과는 담임목사님과 교회의 후원으로 이루어지고 있습니다. 현재 저의 아내 역시 일정 부분 군포제일교회의 도움으로 국제 신학대학원에서 M.Div.과정을 밟고 있으며, 저의 결혼식에도 많은 도움을 주셨습니다.

저의 사역은 열방을 향해 하나님의 말씀을 전하는 것입니다. 젊은이들이 주를 위해 살 수 있도록 힘을 다하게 도와주는 것이며 젊었을 때 주를 영접하게 하는 것입니다. 이러한 꿈이 저를 이태원에 있는 나이지리아 토착교회에서 사역을 할 수 있게 하였으며 군포제일교회에서는 학생부 예배에 참여하여 학생들의 영어 성경공부를 통해 최대한의 영향을 주기 위해 헌신하고 있습니다.

하나님께서 한국으로 인도하심에 감사하며 하나님을 사랑하는 군포제일 교회 담임목사님과 성도들을 만나게 하심에 감사를 드립니다. 담임목사님은 저에게 영적인 아버지이시며 멘토이며 조력자이십니다. 제 인생에 있어 하나님의 소명을 일깨워 주신 분입니다.

받은 사랑의 크기에 늘 감사의 마음을 가지면서 하나님의 축복이 군포제일교회 성도들과 한국 땅에 계속 머물길 기도합니다.

축제

**poem 14
김승주

참가하다보니 재밌고
함께하다보니 즐겁고
하나되고보니 신나는

놀이한마당 축제한마당 사랑한마당

함께하다보니 당신을 이해하게 됐고
함께하다보니 당신이 가족임을 알게 됐고
함께하다보니 당신을 사랑하게 됐습니다

주 안에서 하나된 우리
당신을 사랑합니다!

_ 군포제일교회 전성도 체육대회에

영원한 소망

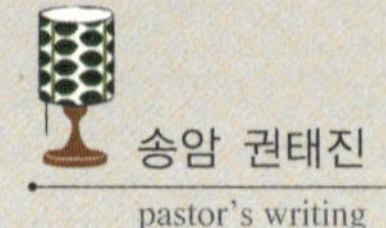

찬바람이 불씨 되어 온 산을 불꽃처럼 타오르게 하고

하늘은 거룩한 꿈을 가지라고 더 높이 오르는 때,

이른 비와 늦은 비를 주시고 빛을 내리신 전능자의 은혜를 느끼며

하얀 모래밭을 터벅터벅 걷다가 털썩 주저앉았습니다.

걸어온 발자국을 보니 지금 내가 서 있는 위치를 발견했습니다.

만약 삶의 분명한 목표없이 세속의 물결에 떠밀려 정신없이 지내다가

걸어온 길 돌아보았다면 허무했을 것입니다.

때 늦은 후회에 결박되어 열매없는 가을을 맞이했을테니까요.

아카시아나무처럼 가시만 남아

농부사랑 못 받고 찬바람에 울다가 화목(火木)이 되어버릴

서러운 인생이 내가 아닐까 생각해 보았습니다.

사람을 만드신 목적을 하나님께 조용히 물어봅니다.

"사람을 왜 만드셨나요?" "영광 받기 위해서"라고 답하십니다.

사람은 하나님의 형상입니다.

하나님과 단절된 영혼은 죽은 상태입니다.

회복하지 못하면 영멸입니다.

회복의 길은 예수 그리스도를 믿는 좁은 길입니다.

믿음으로만 갈 수 있는 거룩한 길입니다.

영혼과 영원은 인간만이 가질 수 있는 특권입니다.

우리의 영원한 소망은 천국입니다.

이제 분주한 마음 잠시 내려놓고 죄의 결박을 풀어

인생의 참된 기쁨을 누리도록 새롭게 시작해봅시다.

Part 5

그 사랑에
소망도 함께

사랑에 힘입어 희망을 말하는 이들의
비전을 향한 발걸음.

내 영혼에 햇빛, 비치다

****story** 41

안상혁
합동신학대학원대학교 조교수

"농부가 눈 덮인 겨울 밭을 포기하지 않는 이유는 봄을 체험한 까닭이
요, 여름의 땀과 수고를 마다하지 않는 이유는 가을의 추수를 바라보기 때
문입니다." 며칠 전, 담임목사님이 설교의 도입부에서 하신 말씀입니다.
농부의 가슴은 언제나 미래를 향한 꿈과 희망으로 가득 채워져 있음을 언
급하셨을 때, '바로 이거다!' 제 머리 속에 무엇인가 섬광과 같이 스친 생각
이 있었습니다. 과거의 세계 교회사 속에서 우리 교회의 창립을 기념하며
말할 수 있는 흥미로운 소재거리를 발견할 수 있다는 사실 자체가 제 자신
에게도 무척이나 신기했습니다. 지금부터 하려는 이야기는 꿈을 꾸고 미
래의 비전을 말하는 것이 실제로 얼마나 가치 있는가를 보여주는 역사적
실례입니다.

뉴잉글랜드 청교도 이야기

일찍이 오늘날의 미국 대륙을 향해 대서양을 건너갔던 대다수의 영국인
들은 놀랍게도 청교도가 아니었습니다. 애초부터 미국을 청교도가 세운
청교도의 나라로 알고 있었던 사람들은 다소 당황할지 모릅니다. 그러나

이것은 사실입니다.

약 21만 4천 명의 이주민 가운데 북동부의 뉴잉글랜드 지역으로 이주한 청교도의 숫자는 불과 2만 5천여 명입니다. 그보다 두 배에 해당하는 약 5만 명이 남부의 체사피크 지역으로 이주했습니다. 전체 인구의 절반에 해당하는 11만 8천 명은 서인도제도로 이주했습니다. 체사피크와 서인도제도에 정착한 이들의 목표는 분명했습니다. 돈을 벌기 위해 신대륙을 찾아온 것이었습니다. 이들은 주로 담배와 사탕수수 그리고 면화를 재배하는 농장을 운영했습니다. 농장의 규모가 커지면서 아프리카로부터 흑인노예를 데려와 강제노동을 시켰습니다. 후일 미국사의 어두운 부분을 차지하게 될 갈등의 씨앗이 뿌려진 것입니다. 자, 이것이 역사적 현실이라면 우리는 다음과 같은 궁금증이 생깁니다.

"그렇다면 도대체 '미국은 청교도의 나라'라는 말은 어떻게 형성된 것일까?"

언덕 위의 도시를 꿈꾸다

"오직 뉴잉글랜드의 청교도만이 꿈과 비전 그리고 국가적 사명을 이야기했기 때문입니다."

하버드 대학에서 청교도 연구를 시작했던 페리 밀러 교수의 대답입니다. 돈을 벌기 위해 신대륙에 건너왔던 대다수의 이주민들과 달리 뉴잉글랜드에 정착한 소수의 청교도는 처음부터 독특했습니다. 떠나온 고향의 국민과 세계인들이 모범으로 삼을 만한 가장 이상적인 교회와 기독교 공동체를 건립하는 것을 자신들의 사명으로 선언했습니다. 대서양을 건너면서 존 윈스롭은 "전 세계의 눈이 우리를 바라보고 있습니다!"라고 설교했습니다. 곧이어 마태복음 5장 14-16절에 기록된 말씀에 기초하여 '언덕 위의 도시'를 건설하는 것을 뉴잉글랜드 청교도의 비전으로 규정했습니다. 당시 세인들의 눈에는 이들의 모습이 이상하게 혹은 우습게 보였을 수도 있습니다. 그러나 몇 세대가 지난 후, 이주민의 후예들은 이들을 가리켜 미국의 건국 시조라고 불렀습니다. 또한 이들이 제시한 비전을 자신들의 꿈과 비전으로 삼았습니다. 마치 처음부터 미국이 고귀한 사명을 안고 태어난 거룩한 나라였듯이 말이죠.

우리 교회의 가장 큰 특징들 가운데 하나는 바로 '꿈꾸는 교회' 입니다. 창립 초기부터 하나님은 담임목사님을 통해 큰 꿈과 비전을 주셨습니다. 그리고 36년이 지난 오늘날 그 열매들을 거둘 수 있게 하셨습니다.

어느새 훌쩍 성장한 교회가 되었지만 우리 교회는 여전히 꿈을 이야기합니다. 한국과 세계 교회를 향한 꿈과 희망, 그리고 우리 교회의 특별한 사명 등의 주제가 요즘 목사님의 설교말씀을 통해 우리가 많이 듣는 말씀입니다.

마치 가을을 품고 나머지 계절의 수고를 마다하지 않는 농부처럼, 하나님께서 허락하실 미래를 가슴에 품고 오늘의 주어진 소명에 땀 흘리며 충성하는 우리 교회의 모습을 보며 진심어린 감사와 찬양을 주님께 돌립니다.

story 42

백은성

아이들 넷이 쪼르르 누워 자는 모습을 보면 배가 부르기도 하고 감사하기도 하다. 부족한 내 모습을 보면 자녀를 많이 주신 것이 주의 은혜임을 고백할 수밖에 없다. 문득 아이들 넷을 살펴보니 같은 부분이 많은 것 같으면서도 여러 다른 점을 발견하게 되었다. 부대찌개가 상에 올라오면 첫째는 햄을, 둘째는 두부를, 셋째와 넷째는 라면을 먼저 먹는다. 계란 후라이가 올라오면 첫째는 노른자를, 셋째는 흰자를 더 좋아한다. 한 방에서 같이 놀다가도 곧잘 따로 논다. 첫째는 두꺼운 책을 읽고, 둘째는 스케치북에다 그림을 그리고, 셋째는 그림퍼즐을 맞추며, 넷째는 장난감 피아노를 두드린다. 같기도 하고 다르기도 하기에 히히덕거리며 놀다 싸우다 웃다 먹다 울다 노래를 한다. 시끄럽다는 생각이 들기도 하지만 마치 현악사중주 같다는 생각을 했다.

현악사중주는 두 대의 바이올린과 비올라, 첼로로 편성되는데, 최소의 악기로 최대의 음악적 효과를 얻을 수 있으며, 독주와 조화를 겸비하는 연주라고 한다. 모두 바이올린군에 속하는 악기이기에 비슷하지만 다르다. 첼로는 저음을 담당하면서 음량이 풍부하고 힘차기에 큰 아들 같다. 비올라는 바이올린에 비해 덜 강렬하지만 높지도 낮지도 않으면서 화음을 잘 맞추기에 둘째 딸 같다. 바이올린은 주도적이며 서정적인 매력이 있기에 큰 딸 같기도 하고, 높은 소리를 내며 경쾌하기에 영락없는 막내 아들 같다. 하루 종일 아이들은 제 소리를 내며 독주를 하기도 하고 합주를 하기도 한다.

아버지로서 성실히 먹이고 입히고 재우지만 자녀를 양육하는 것이 내 힘과 내 뜻대로 되지 않는다는 것을 깨닫는다. 그러면서 자녀양육이 농사와 같다는 생각이 들었다. 농부가 비슷하게 보이는 씨앗들을 비슷하게 재배하는 것 같지만 각각의 특성에 맞게 달리 재배를 한다. 씨를 심는 시기도 다르고 방법도 다르며, 양분을 주고 솎아주는 방법도 다르고, 거두는 방법도 다르다. 그런데 이 다양한 재배법은 농부에게 있는 것이 아니라 창조주가 이미 심어놓은 씨앗 속에 있다. 열매를 제대로 거두려면 땅도 중요하고 농부의 수고도 중요하지만 씨앗 속에 숨겨진 하나님의 뜻대로 돌봐야 한다. 부모인 내 뜻이 아닌 주 뜻대로 키운다면 아이는 멋진 제 소리를 내면서 인생을 살 것이다. 때가 아직 안되어 아이도 나도 자녀 속에 숨겨진 제 소리, 제 멋이 무엇인지 다 알지 못하기에 좌충우돌하며 실수 만발이지만 아버지로서 네 아이에게 날개가 되어주고 싶다. 약한 곳을 사랑으로 보듬어 주는 날개이고 싶다.

자녀를 잘 키우려는 부모에게 제일 필요한 것은 무엇일까? 아비목회하시는 담임 목사님께 배웠다. 그것은 부지런함과 기다림이다. 영혼구원과 영육복지를 위해 늘 부지런하게 목양하시면서 성도 한사람 한사람을 기다려주시는 목사님처럼, 부모로서 게으르지 않고 부지런히 돌보며 조급함을 버리고 때를 기다리며 아이를 기다려 주는 것이다.

우리 교회는 큰 가정이다. 하나님이 뜻하신 제 멋대로 자라서 최고의 청중이신 하늘 아버지가 기쁘게 받으시는 아이들의 연주를 기대하는 것처럼, 온 성도들이 맡겨진 소명을 따라 제 소리를 잘 내어 하나님을 웃음 짓게 할 멋진 하모니를 내는 군포제일 오케스트라가 되길 기대한다.

작년 이맘때 군포제일교회를 처음 왔을 때 저는 『목회 속에 피어나는 복지』를 받고 바로 그날로 단숨에 다 읽은 기억이 있습니다. 그때 어렴풋이 교회 역사에 대해서 또 목사님의 목회 철학과 일생에 대해서 참 감명을 받았습니다.

'하나님 사랑, 이웃사랑'을 철저히 실천하면서 교인들을 성경뿐만 아니라 실천적으로 사회의 소외된 이웃들을 돌보는 것을 가르치시는 목사님의 모습 속에서 진정한 교회의 모습을 볼 수 있었습니다. 세 살 때 아버지를 여의시고 누구보다 어려운 성장과정과 목회의 길을 걸으시면서 늘 교인들과 노인, 어린이, 장애우들에게 아버지가 되어주시는 목사님의 모습이 마치 늘 고아와 과부를 불쌍히 여기시고 긍휼을 베푸시던 예수님의 모습처럼 보였습니다. 한 사람의 목회자가 하나님 앞에서 긍휼함을 받음으로 그 씨앗이 오늘의 군포제일교회 모든 성도들과 성민원 직원분들, 자원봉사자들에게 퍼져나가는 모습을 보면서 참 감동스러웠습니다.

"하나님 아버지 앞에서 정결하고 더러움이 없는 경건은 곧 고아와 과부를 그 환난 중에 돌보고 또 자기를 지켜 세속에 물들지 아니하는 그것이니라."(약 1:27)

일 년이 지난 지금 다시 이 책을 꺼내들고 책장을 휘리릭 넘기면서 읽은 후의 소감은 한마디로 복지는 지금 현재 내가 해야 할 일이고 내 아이들에게 가르칠 소중한 가르침이란 생각이 들었습니다. 이 한 권의 책 속에는 그동안의 목사님의 목회 철학과 수고와 인내가 고스란히 담겨 있었고 지금에서야 그 결실들이 맺혀져 하나하나 군포제일교회의 모습 가운데 녹아져 있는 것을 볼 수 있었습니다.

특히나 이 책은 앞으로 목회자의 가정으로 한걸음 내딛게 될 저에게는 사모의 역할이나 목회 가운데 헤쳐 나갈 지혜를 주는 소중한 가르침이었습니다.

**story 43
유선희

2014년 10월 우리의 옷깃을 조금씩 여미게 하는 계절. 우리교회 36주년 창립일이 다가오고 있습니다.

철 모르던 어린 시절, 동네친구들과 이리저리 뛰어놀다 어느 날 동네에 못 보던 것이 생겨나 궁금해서 들여다본 천막, 군포제일교회라는 간판이 붙어있던 교회라는 곳을 처음 들어갔던 기억이 납니다. 그 당시 우리 동네에는 더 큰 교회가 있었는데 주일이 되면 동네 아이들은 그 교회로 몰려갔습니다. 그곳에 인기 좋은 학교 선생님이 다니고 있었기 때문입니다. 그에 비해 아이들도 선생님도 많지 않았지만 전 우리교회가 더 좋았습니다. 어린 마음에 목사님 사모님의 관심과 사랑주심이 마냥 좋기만 했던 것 같습니다.

교회가 점점 성장하면서 나의 유년기도 성장해 갔습니다. 지금도 주일학교때 외웠던 성경구절, 선생님과 율동을 하며 불렀던 찬양, 성탄절 발표회는 잊혀지지 않습니다. 담임목사님께서 왜 그렇게 어릴 때의 신앙교육, 선교원, 주일학교 교육을 중요시 하시는지 나이가 들수록 이해가 됩니다.

단독교회를 건축할 때는, 예배를 마치면 온 성도들과 학생들이 줄지어 서서 벽돌을 나르고 학교를 마치면 약속이나 한 듯 교회에 모여 공사 중인 시멘트바닥에 둥그렇게 모여앉아 눈물로 성전건축을 위해 기도했던 일, 건축 헌금을 위해 엿을 들고 여러 지역으로 다니며 팔았던 일들이 지금도 생생합니다.

지금도 변함없으시지만 예전에 목사님께서는 학생들 한 사람 한 사람을 만나주시며 꿈을 가지면 잘 될 것이라는 소망을 주셨습니다. 가정형편이 어려워 공부할 수 없을 때 등록금을 주시는 등 도와줄 사람이 없는지 가정과 같이 주밀하게 늘 살피셨습니다. 이것이 아비목회였다는 것을 나중에 알게 되었습니다. 수련회 때 밤새워 함께했던 목사님과의 만남의 시간은 너무 소중하고 아름다웠습니다.

결혼적령기가 되어 결혼에 대해 큰 기대감이 없을 때 목사님, 사모님 두 분이 행복하게 사는 삶을 보면서 결혼을 꿈꾸게 되었고 믿음의 좋은 가정도 이루게 하셨습니다. 말은 없지만 묵묵히 믿음의 동역자가 되어주는 남편과 교회 안에서 믿음으로 잘 자라고 있는 자녀들. 주일이 되면 온가족이 함께 예배드릴 수 있음이 얼마나 감사하고 행복하던지요.

인생의 큰 어려움없이 살던 어느 날, 전도인을 하라고 하셔서 얼마나 놀랐던지 밤만 되면 그렇게 눈물이 나 삼일 밤낮을 울었습니다.

난 할 수 없다고, 못한다고.

그렇게 1년 정도 훈련받으며 이제는 열심히 해야겠다는 결심을 할 찰나, 갑작스런 남편의 사고 소식이 들려왔습니다. 회사에서 기계 폭발로 인한 화재사고가 났다고 했습니다. 무슨 정신으로 병원에 갔는지, 의사가 도대체 무슨 말을 하는건지, 온통 붕대로 감아놓은 몸은 대체 누군지 분간할 수 없어 땅에 주저앉았는데 "나 괜찮아 울지말고 정신차려" 하는 남편의 쉰 목소리가 들렸습니다.

남편은 중환자실로 들어가서도 전도인인데 여기 있지 말고 체육대회 예선에 가봐야지, 아이들도 놀라지 않게 잘 챙기라며 저를 채근했습니다. 참 기가 막혔습니다. 본인이 지금 어떤 상태인데……. 그리고는 두 달동안 의식을 찾지 못한 채 중환자실에서 죽음과의 사투를 벌였습니다.

혹시 내가 불순종하려 했던 것 때문일까? 별 생각이 다 들어 하나님 앞에 엎드려 회개하고 또 회개했습니다.

병원에서는 할 수 있는 건 다 했다고 했을 때, 목사님께선 남편이 혼수상태가 아니라 영적으로 엄청난 체험을 하고 있는 거라고 하셨습니다. 위기의 순간에도 하루에도 몇 번씩 전화해 하나님이 영력을 주시기 위한 환경이니 두려워하지 말고 강하고 담대하라고 하시며 저를 위해, 남편을 위해 기도하기를 쉬지 않으셨습니다.

8개월의 병원생활 동안 위기, 회복, 평안의 때는 병원이 아닌 목사님이 먼저 아셨습니다. 그 기도의 배경으로 남편은 다시 생명을 얻었습니다. 아마도 또 한번 생명을 건 목사님의 기도가 있었으리라 여기며 이 은혜를 잊지 말자고 가족과 함께 이야기하곤 합니다.

36년이 된 우리교회, 우리 담임목사님은 지금까지 한 번도 안식년을 가진 적이 없으십니다. 가정에 자녀가 있는데 부모에게 무슨 안식년이 있냐고 하시며 한사코 거절하십니다.

온 청춘을 바쳐 하나님을 사랑하고 대가없이 묵묵히 성도들에게 자녀처럼 사랑을 쏟으신 36년의 세월에 붙여진 이름이 아비목회이리라.

이렇게 건강한 교회 안에서 유년기, 청소년기, 장년기를 보내게 해주신 주님! 왜 이렇게 큰 은혜를 주시는지, 때마다 교회의 배경 안에서 1세대인 나도 2세대인 자녀들도 자라게 하심에 그저 감사한 마음 뿐입니다.

생각해봅니다. 쉽게 말하고 있지만 건강한 교회가 그냥 될 수 있었을까? 어떻게 세워진 교회인데요. 목사님 사모님의 36년간의 수고를 다 헤아리고 알 수 없지만 마음으로 조금이나마 느껴봅니다.

하나님의 사랑과 목회자의 마음, 자녀를 양육하며 사십 중턱의 나이가 되어 조금씩 알게 되니 언제나 그 마음을 다 헤아릴 수 있을까요?

예나 지금이나 우리교회는 해야할 일이 많이 있습니다. 승리를 기대하며, 축복을 기대하며, 부흥을 기대하며 베들레헴, 예루살렘 두 예배당에 가득 채워질 일만 명의 성도들을 그려봅니다. 성민원을 통한 끊임없는 복지, 우리교회와 우리 담임목사님이 민족과 한국교계 가운데 미칠 큰 영향력을 기대합니다.

모래언덕 넘어 반석으로 가는 이 길을 가기 위해 필요한 것, 손님이 아닌 장성한 자녀의 모습으로 내가, 우리가 해야 할 일이 무엇인지 다시 한번 생각해봅니다.

아버지.

story 44

이선옥

"하나님 아버지"

크리스천인 우리가 참으로 자주 하는 말이다. 하나님을 아버지라고 우리는 부른다. 옛 유대인들의 생각으로는 신성모독이자 참으로 버릇없는 표현인 것이다. 오죽하면 하나님을 아버지라고 말하는 예수님을 십자가에 못 박으라 했을까! 그러나 예수님을 통하여 우리는 알게 되었고 느끼고 표현한다. "하나님 아버지".

그럼 과연 아버지는 어떤 존재일까? 요즘 세간엔 가끔씩 '비정한 아버지, 폭력적인 아버지'에 대한 사건들이 있기도 하지만, 대다수 보통사람들의 아버지에 대한 생각들은 '권위, 보호, 안정'일 것 같다. 나 또한 아버지에 대한 생각들은 참 좋으신 분, 다정다감 하셨고, 나를 참 많이 아끼고 사랑해주셨던 분이다. 나는 아버지를 많이 닮았고, 맏이로서 부모님의 많은 기대 속에 각별히 애정을 받았던 존재였다.

우리교회, 군포제일교회에 다니기 시작한 지가 어느덧 20년이 되어 가는데, 우리교회에서 목사님을 통해 듣게 된 것은 '아비목회'였다.

하나님 아버지의 마음으로 성도들을 만나주고 양육하겠다는 담임목사님의 목회철학이었다. '아비'라는 말이 그리 가까이, 친근하게, 나의 문제로 다가오진 않았었다. 약간은 멀리, 나와는 좀 떨어져 있는 표어 같은 것이었다. 내게는 하나님 아버지가 계셨고, 나의 친아버지가 생존해 계시기에, 교회에서의 또 다른 아버지는 약간의 부담, 조금은 나와는 거리가 있는 낱말이었다. '진짜 아버지가 될 수 있을까? 목사님도 친자녀들이 있는데……. 그건 너무 무리가 있는 이상적인 표현은 아닐까?'라는 회의적인 생각들도 있었다.

그러나 정확히 표현해보면 하나님은 언제나 우리의 아버지이셨고, 독생자를 보내시기까지 우리를 사랑하시는, 피 끓는 부정(父情)의 소유주인 것이다. 언제나 우리를 향하여 사랑의 세레나데를 부르시며

"나의 사랑 안에 거하라, 나의 사랑을 누려라."라고 외치고 계셨던 것이다.

그러나 우리 인간들은

"아니예요, 부담스러워요. 나는 나의 세계가 있고 나대로도 잘 지낼 수 있단 말이예요."라며 철없는 어린아이가 부모의 손을 뿌리치듯, 방황하는 사춘기 자녀가 부모의 사랑에 항변하듯 그 사랑을 외면하며 자녀 되기를 거부했다.

어느 날 갑자기 나는 뜻하지 않게 수술을 해야만 하는 형편에 처했다. 조금은 위험하고 후유증을 반드시 고려해야만 하는 수술이었다. 그러나 나는 그저 주변 가까운 곳에서 빨리 수술하여 이 상황이 종료되기만을 바랐

던 것 같다. 이 소식을 들으신 담임목사님께선 "우리의 몸은 너무나 소중하여 조심스럽게 다루어야 하는 것이다."라고 하셨다. 스스로도 그 소중함과 조심스러움을 잘 인지하지 못하고 있었는데, 목사님께서는 부모의 심정으로 지켜보고 계셨던 것이다. 나보다 더 나를 사랑하시고, 잘 아시는 하나님 아버지의 마음으로…….

목사님께서는 나의 이것저것을 살펴주시고 기도해주셨다. 그러다 나의 주밀하지 못함으로 인해 입장이 난처해지는 곤경에 처하게 되셨다. 어찌나 죄송하고 죄송하던지……. 그때 목사님께선 이렇게 말씀하셨다.

"이 집사야, 나는 괜찮다. 성도들이 잘 되고 편안해지는 길이면 내가 조금 불편하고, 곤란해져도 나는 괜찮아, 신경 쓰지 말고 자신을 위해서 잘 되는 길을 선택 하렴, 미안해 할 것 없다"

이 말씀을 듣는데 얼마나 가슴이 먹먹하고 눈물이 나던지, '내가 온전히 자녀 되지 못해서 그 사랑을 잘 깨닫지 못했고, 누리지 못하고 살았구나.'

1978년 10월 15일 찬 기운이 몰려오는 가을날, 황량하고 거칠기가 한이 없던, 척박한 군포 땅에서 하나님 아버지의 부르심에 순종하고자 목숨 걸고 여기까지 오신 담임목사님, 하나님 아버지의 마음을 닮아가고자 몸부림치시는 목사님의 그 사랑과 열정에 조심스럽게 불러봅니다.

"아버지"

36년,
교회의 역사 속에.

36년의 교회 역사 속에 우리 가정이 교회 가운데 속한 지 9년이 흘렀습니다. 건강한 교회 가운데 속해 교회 역사 속에 함께 할 수 있게 하신 하나님께 먼저 영광을 돌립니다.

예전에 제가 다니던 교회는 목사님을 힘들게 하는 분열이 있는 교회였습니다. 건강한 교회를 만나기 위하여 울고 기도하며 많은 교회를 찾아 헤매던 시간들이 있었습니다. 시간이 많이 흐른 후에야 뒤늦게 깨닫듯이 우리 교회에 등록하고 지금까지 신앙생활하는 그 모든 환경들이 하나님의 은혜였다는 것을 알게 되었습니다.

처음 우리교회에서 예배를 드리며 예배의 중요성과 예배 가운데 하나님의 임재하심을 느끼고 참 건강한 교회구나 생각했습니다. 또한 성도들의 평온한 표정과 목사님에 대한 신뢰의 모습들을 보며 내가 예전에 느껴보지 못한 교회의 모습 속에서도 건강한 교회임을 알았습니다. 목사님의 권위를 인정하고 성도 간에 사랑의 교제를 나누며 함께 교회를 세워가는 모습을 보면서 나와 내 자녀들이 이곳에서 오래도록 신앙생활할 수 있는 것이 얼마나 큰 행복인가를 깨닫게 되었습니다.

강단을 통하여 말씀을 주시는 목사님을 보면서 항상 한결같은 마음으로 하나님을 사랑하시는 모습을 닮고 싶고, 강단에서 주시는 말씀을 받으며 삶 속에서 말씀을 따라 살아가려는 나의 모습 속에서 신앙의 믿음이 커가는 것을 느낍니다. 사도 바울의 고백처럼 어떤 형편에서든 자족함을 배우며 신앙생활 할 수 있는 것은 목사님의 말씀에 힘을 얻고 목사님의 기도의 배경이 있기 때문입니다. 그렇기에 저희 가정이 교회 가운데 하나님의 은혜를 누리며 살아가는 것 같습니다.

성도를 자녀처럼 품고 아비의 심령으로 목회에 일념하시는 목사님의 모습을 보며 "속 썩여도 좋으니 붙어만 있어라" 하시는 말씀을 처음엔 이해하지 못했지만 지금은 붙어 있음으로 얻는 복이 많이 있음을 고백하게 됩니다.

우리 가정엔 육신의 연약함이 있는 형님이 있습니다. 잘 살고 있는 자녀를 보면서 행복해하시기보다는 연약한 형님에게 늘 마음 쓰고 계시는 부모님을 보면서 우리 목사님의 아비 목회가 쉬운 것이 아니란 것을 깨닫게 됩니다. 잘난 자녀보다 먼저 연약한 자녀가 신경 쓰이는 부모님의 마음처

럼, 신앙이 연약해서 힘들고 육신이 연약해서 힘든 성도들을 먼저 품는 목
사님의 마음이 저희 부모님과 같은 마음일거라 생각합니다.

건강한 자녀로서 부모님께 걱정거리가 되지 않기 위해 노력하듯이 우리
교회 속에서도, 우리 목사님의 목회 속에서도 건강한 자녀로 목사님의 사
역에 힘이 되는 성도가 되고 싶습니다.
믿는 자의 본이 되며 하나님의 청지기가 되어 하나님의 선한 뜻을 이루
며 주님께 영광 돌리는 삶을 살겠습니다.

많은 사랑 받았으니
그 사랑 나누기 원해요.

story 46

서다은

먼저 우리 교회를 36년 동안 지켜주시고, 저희 가정을 우리 교회로 인도 해주신 하나님께 감사드립니다. 또한 부족한 제가 청년을 대표하여 많은 성도들과 함께 은혜를 나눌 수 있도록 허락해 주신 것에 감사드립니다. 엄마 뱃속에서부터 교회를 출석한지 24년이 되었습니다. 모태신앙이지만 하나님께서는 저의 신앙이 못된 신앙이 되지 않도록 선교원을 통해 말씀 안에서 성장시켜 주셨고, 학생회를 거쳐 청년이 되기까지 교회 안에서 크고 작은 일들을 맡기시며 더 기도하게 하시고, 많은 사랑을 받게 하셔서 그 사랑을 나눌 수 있는 은혜를 주셨습니다.

대학에 진학하면서 세상의 많은 청년들이 잘못된 가치관과 역사관을 가지고 여론에 휩쓸려 다니는 것을 보게 되었습니다. 이런 모습을 보면서 우리 교회 청년들은 참 행복한 청년이라는 것을 느꼈습니다. 저를 비롯한 우리 교회 청년들은 교회가 기도의 배경이 되어 주고, 담임목사님과 사모님께서 늘 관심과 사랑을 가지고 청년들에게 비전을 심어주셔서 올바른 가치관과 역사관, 신앙관을 가지고 성장하고 있습니다. 특히 담임목사님을 통해 전해주시는 말씀은 청년들이 세상 가운데 빛과 소금의 역할을 감당하고 올바른 가치관과 분별력을 갖게 하는데 중요한 밑거름이 되고 있습니다.

이렇게 좋은 교회 안에서 저는 임마누엘 찬양대, 청년회 찬양팀과 새가족반, 방송실 등에서 봉사하고 있습니다. 봉사하기 전에는 많은 성도들이 행복한 모습으로 봉사하는 모습에 의문을 가진 적도 있었습니다. 그런데 봉사하다 보니 제가 가진 것으로, 제가 할 수 있는 것으로 하나님의 일을 감당한다는 것이 얼마나 큰 기쁨인지 알게 되었습니다.

성도들이 가진 은사를 찾아서 교회 안에서 잘 쓰임 받을 수 있도록 인도해주시고 격려해주시는 담임목사님의 모습을 많이 보았습니다. 저 또한 방송 사역에 꿈이 있다는 것을 아시고 한 번 해보라고 격려해주셔서 군포제일영상뉴스 앵커로 쓰임 받게 되었습니다. 많은 성도들이 열심히 기도하고 하나님께서 주신 은사로 섬기시는 그 곳에 하나님께서 함께하셔서 더 큰 은혜를 주시고 기쁨으로 봉사할 수 있도록 도우시는 것을 요즘 체험하고 있습니다. 방송실에서도 늘 긴장하며 예배를 드리지만 담임목사님 말씀 원고를 자막으로 만들어 목회에 조금이나마 도움이 되고, 말씀을 눈으로 읽고 귀로 들으며 두 배로 은혜를 받을 수 있다는 것에 감사하며 봉사하고 있습니다.

우리 교회는 어린아이들이 청년이 되기까지 말씀을 통해 올바른 가치관을 형성하며 하나님 안에서 건강하게 성장할 수 있는 교회입니다. 청년 새가족반에서 새로 온 청년들과 교제할 때도, 하나님의 역사하심 속에서 청년들이 마음을 열고 기도제목을 나누며 잘 적응하는 모습을 볼 때 감사와 기쁨이 넘칩니다. 청년들은 이제 성숙한 청년들이 되어 이 나라와 민족을 위해, 교회를 위해, 담임목사님과 사모님을 위해 늘 기도하며 열정을 가지고 교회 안에서 심장과 같은 역할을 감당하는 멋진 청년들이 되길 소원하며 기도하고 있습니다.

개인적인 비전이 있다면 아빠와 가족들을 전도하여 가정 복음화를 이루는 것이며, 중학생 때부터 품었던 땅 끝까지 하나님의 복음을 전하는 방송 사역의 꿈을 이루는 것입니다. 하나님께서 귀하게 쓰시는 교회와 함께 동일한 비전을 품고 달려가는 저와 모든 성도님들이 될 수 있도록 기도하겠습니다. 우리 교회, 목사님, 사모님, 신령한 가족이 된 모든 성도님들을 주님 안에서 사랑하고 축복합니다.

외할머니 안녕하세요?

여긴 따뜻한 봄을 시샘하듯 꽃샘추위가 잠시 찾아왔어요.

할머니가 그렇게 그리시던 그곳은 정말 좋지요?

탐스런 종류의 과일들 늘 드실테고 걱정 근심 없이 저를 보고 계시겠죠?

편지는 할머니께 처음 써보네요. 하지만 항상 할머니 사진을 모니터 위에

놓고 뵈어서인지 늘 곁에 계신 것처럼 느껴져요. 대학 졸업 후 취직하면 할

머니께 꼭 멋진 신발 한 켤레 사드리고 싶었는데… 취직한 소식조차 못 들

려드리고 벌써 10년이 되어 가요.

저는 5살, 3살, 이쁜 두 딸과 매일 '전쟁과 평화'를 반복해가며

하루 하루 알콩달콩 살고 있어요. 이런 저런 얘기를 할 때마다

늘 웃어주시던 할머니를 생각하며 지금도 그러시리라 생각되네요.

매주 드리는 가정예배에서 6살도 안된 저에게 대표기도를 시키셨지요? 그

때 그 훈련이 지금 제가 살아가는 힘이 되고 있어요. 저도 5살 첫째 딸에게

간혹 대표기도를 시킨답니다. 얼마나 유창하게 기도를 하는지 웃음이 절로 나요. 할머니도 그때 그러셨겠죠? 한자로 된 성경책을 한자는 할머니가, 조사인 한글은 제게 꼭 읽어보라고 시키셨던 소중한 기억 지금도 생생합니다.

며칠 전 서점에 갔다가 『자녀축복 기도』라는 책이 있어서 설레는 맘으로 샀어요. 초등학교 때 할머니께서 사주신 기도문 책을 읽으며 매일 기도하며 잠들었던 기억이 떠올라 뭉클했지요.
항상 어린 저에게 자라고 하시고선 밤늦게 교회 가서 기도하고 오시곤 또 새벽기도를 다녀오셨던 외할머니. 지금도 그 기도 덕분에 건강한 교회에서 사랑 많으신 목사님, 사모님과 비전을 같이하는 좋은 성도들과 함께 열심히 신앙생활하고 있어요. 가정같은 교회를 이끌어가시는 담임목사님을 뵐 때면 할머니의 따스한 품이 생각나요.

"할머니! 할머니는 천국 가 봤어요?"
초등학교 3학년때 제가 물었을 때
"아니, 할머니는 천국은 한번도 안 가봤어!"
"에이, 나는 하늘나라 갔다왔는데 나를 맞아주는 사람들이 쭈욱 서 있던 걸요."
"우와, 이 할매는 아직 꿈에서도 못가봤는데 나도 가보고 싶네. 너무 좋았겠다! 우리 희진이"

그렇게 천국 얘기도 허물없이 나누던 사이었는데……. 10년전 병원에서 임종하시며 마지막 하신 말씀, 늘 되새깁니다.

"희진아 너밖에 없다. 너네 가족 구원시킬 사람은 너뿐이야."

방언기도에 대한 것, 예수님은 어떤 분이셨는지, 묻는 것마다 귀찮아하지도 않고 웃으시며 대답하셨던 할머니. 방황하며 힘들 땐 할머니 사랑을 떠올리지 못했었는데 제가 두 아이의 엄마가 되어 아이들을 키우다보니 얼마나 따뜻한 사랑을 받았는지 이제 깨닫게 되네요.

너무 감사해요, 할머니! 한 번도 부치지 못하고 마음으로만 썼던 편지, 지금도 역시 부치지 못할 편지가 되겠지만, 다 보고 계시죠? 할머니가 늘 저를 위해 기도해주고 계신 것 여기서도 느껴진답니다. 저도 가정을 위해, 교회를 위해, 주신 은사를 하나님께서 쓰시겠다고 하시는 대로 사용받기 위해 엎드리고 또 엎드립니다.

이제 봄이 시작되려고 하는데, 큰 딸은 여름이 몇 밤 자면 오냐고 자꾸 묻네요!

춥지도 덥지도 않고 슬픔 걱정 없는 그 곳, 천국의 소망 가지고 열심히 살게요.

그럼 외할머니, 다시 만날 때까지 안녕히 계세요.

2009년 3월 27일

할머니를 사랑하는 희진 올림

풍성한 가을

유명숙

님 주신 보금자리

아름답게 펼쳐진 전망

정원같이 보이는 푸른 소나무

곱게 물들어 있는 단풍 속 맑은 공기

매연에 약한 나에게 주신

님의 선물입니다

길 가에 흩뿌려진 잔잔한 들국화

풋풋한 향기는

어릴 적 넉넉하게 느끼었던

자연의 은은함

화단의 꽃들은 제 각각의 색으로

나의 시선 발걸음

머물게 하는데

님이여

나에게 요구하신 향기

날리게 하시고

풍성한 열매로

님의 마음 시원케 하는

인생의 가을 되게 하소서.

내 영혼에 햇빛, 비치다

<h1 style="text-align:center">이덕희 은퇴목사 가정의
아름다운 동행.</h1>

interview

이덕희 은퇴목사 가정

2010년 가을에 은퇴하신 후 군포제일교회에 둥지를 틀고 새롭게 출발하신 이덕희 은퇴목사님 가정을 예루살렘예배당 1층에 있는 S:bm 카페에서 만났다. 어떤 이유로 우리교회에 오게 되셨는지 그리고 지금은 어떻게 신앙생활하고 계신지 목사님과 가족들과의 인터뷰를 통해 궁금증을 풀어보았다.

이 목사님 : 2011년 3월인가? 수술하고 은퇴한 후에 바로 왔어요. 군포시 기독교연합회에서 권태진 목사님을 자주 뵈었죠. 인격적으로 훌륭한 분이라고 생각되어서 은퇴하면 군포제일교회로 가겠다고 말씀드렸어요.

기자 : 우리교회에 오셔서 특별히 느낀 점이 있으셨나요?

이 목사님 : 성도들이 다 좋아요. 특별히 남자들이 많아서 좋구, 또 교회가 부흥되어서 좋구, 목사님 설교가 좋아요.

기자 : 사모님께서도 어떻게 우리교회로 오시게 되었는지 한번 말씀해 주시죠.

사모님 : 권태진 목사님은 얼굴만 봐도 은혜로워요. 항상 웃으시는 그 모습에 반했어요. 김희연 사모님도 은혜로우시고 너무 좋으신 분 같아요.

기자 : 자녀들에게 아버지는 어떤 분이셨나요?

딸 : 부모님은 하나님께서 저에게 첫 번째 주신 축복의 선물이에요. 육적으로나 영적으로 많은 것을 채워주시는 멘토 같은 분!
그리고 두 번째 축복은 군포제일교회에 오게 된 것이라고 생각해요. 사실 군포제일교회로 오기 전에 집에서 가까운 교회로 가려고 했었거든요. 그런데 아버지께서 권태진 담임목사님이 좋으신 분이니 아버지를 믿고 군포제일교회로 가자고 하셨어요. 지금은 목사님도 너무 좋으시고 성도들에게도 배울 점이 많아서 좋아요.

기자 : 집사님(아들 이희재)이 우리교회에 와서 느낀 점은 어떤 것이었나요?

아들 : 순종적인 모습, 그리고 최선을 다해서 봉사하는 모습들! 배울 것이 많은 참 좋은 교회라고 생각되었습니다. 어떤 때는 성도들이 최선을 다해서 봉사하시는 모습이 제 자신도 더 열심히 해야겠다는 부담감으로 다가오기도 하구요.

이덕희 은퇴목사님은 1998년에 도성교회를 개척하신 후 10년 정도 지난 2009년 9월, 과로로 인해 위암 수술을 받으시고 얼마 후 뇌동맥 수술을 받으셨다. 사람들의 눈으로 바라본다면 주님의 종으로 살아가는 목사님 가정에 찾아온 이해할 수 없는 엄청난 시련일 것이다. 그러나 목사님은 "나는 이 세상에서 제일 많이 복을 받은 사람입니다!"라고 고백하였다. 사모님을 만나면서 목회자로 부름 받아 살게 된 것, 네 명의 자녀들 그리고 은퇴 후에 군포제일교회에서 인생의 황혼기를 끝까지 믿음으로 달려갈 수 있는 것 모두 하나님께서 주신 축복이라고 고백하였다.

도성교회를 은퇴하시고 우리교회로 오실 때 이 목사님의 가정을 따라 몇 가정이 자원해서 함께 오셨다고 한다. 그분들이 지금은 주방에서, 교회학교 교사로, 찬양대원으로 소금처럼 녹아져서 이미 우리교회 성도들과 신령한 가족으로 하나 되어 있다. 은퇴하신 이 목사님 가정의 새로운 출발을 바라보면서 주님 부르실 때까지 신앙생활에 은퇴란 없다는 것을 다시 한 번 마음에 새겨본다.

_ 제39호 아름다운 뉴스에 실린 글

영혼의 양식.

bookreview7

변옥임

독후감이라는 단어를 잊어버리고 살아온 지금 눈앞이 하얗고 떨린다. 다만 한 가지 50~60년대를 지나쳐 왔기에 그때 개척교회 실정과 그 시대의 교회사를 증언하라면 자신 있게 할 수 있을 것 같다.

그 시절에 개척하는 일은 맨손으로 땅을 파서 흙벽돌 500장을 찍어 내야 개척교회를 세웠노라고 말할 수 있는 거라는 어느 목사님의 간증을 들은 적이 있다. 그런데 그런 악조건 속에서 주린 배를 움켜쥐고 묵묵히 희생과 헌신의 나무를 심고 사랑과 희망의 꽃을 피우며 영혼을 살리는 구원의 열매를 맺히게 하신 목사님! 행복의 씨를 퍼트려서, 어려운 노인복지를 감당하고 장애아동을 일으켜 세워 새 삶의 싹을 틔우신 『목회 속에 피어나는 복지』 저서를 읽고 목이 메이고 가슴이 뭉클해서 울었다.

뿐만 아니라 시간마다 먹여주시는 생명의 말씀과, 농익은 석류 속에서 씨알이 와르르 쏟아질 것 같은 시문은 어떻게 표현하면 좋을까!

한 소절, 한 소절이 너무 소중하고 귀하다. 발에 밟히는 낙엽 한 잎도 소홀이 여기지 않고 정성으로 곱게 꿰어서 한 문장을 엮어 주시는 목사님의 저서는 영혼까지도 감동되고 낭만의 풍요를 느끼게 한다.

나에겐 오늘 이렇게 아름답고 거룩한 교회, 군포제일교회에서 담임목사님을 직접 뵙고 성경공부를 하고 있는 이 시간이 정말 축복이고 영광이다.

이제 내 인생의 막바지에 존경하는 목사님이 주시는 영혼의 양식을 배불리 먹으며 살 수 있는 것 진심으로 너무 너무 행복하다.

권태진 담임목사님 존경합니다.

그 사랑에 소망도
함께 하리다

**poem 16
김진완

큰 사랑이 그 곳에 숨어있고
큰 기쁨이 그 안에 있습니다

날갯짓 바람결에 열매 맺혀가고
평화가 그 곳에서 솟아오릅니다

님의 사랑 신뢰하는 우리들
그 사랑으로 기뻐하고
그 사랑에 소망도 함께 하리다

이제, 그 사랑의 불씨

영원히 꺼지지 않고

성령의 불로 거듭 태어나

사랑하는 님의 품에

사랑의 포로되어

그 향기 영원하리라

사랑하고 사랑하는
목사님 사모님
고맙습니다.

letter 2
신순자

고맙습니다. 너무 많이 고맙고 감사합니다.

여든 여섯 해,

제가 살아온 세월 속에 가장 큰 사랑과 은혜를 목사님께 받았습니다.

그 은혜를 갚을 길 없어 나 천국가는 날까지

그저 엎드려 기도로 조금이나마 힘 될까 합니다.

아침에 눈 뜨면 목사님 사모님 위해 기도로 시작하고,

잠자리에 들기 전 목사님 사모님 위해 기도하며 하루를 마칩니다.

훌륭하고 다정한 우리 목사님

부디 부디 오랫동안 건강하시길 기도합니다.

목사님의 자녀들도 항상 축복 속에 살아가도록 기도합니다.

성도들이 목사님 속 안 썩이도록 기도합니다.

늙고 힘 없어 목사님께 도움 되지 못하여 늘 죄송합니다.

다만 기도로 도울 뿐입니다.

하나님은 사랑이십니다.

목사님 사모님은 예수님 닮은 사랑이십니다.

나 뿐 아니라 우리 자식들 손주들까지 목사님 사랑 속에서……

이렇게 제가 행복합니다.

사모님 제가 먹지 못하는 것 아시고 과일도 챙겨주시고

늘 사랑해 주셔서 고맙습니다. 우리 주님 참 좋으신 분입니다.

우리 목사님 세계에서 제일 훌륭하시고 최고로 말씀도 잘 전하십니다.

하나님 아버지께 영광 돌립니다.

힘없는 몸이지만 정신 맑을 때까지 기도하다 천국 가는 것이

나의 가장 큰 소원입니다.

건강 잘 돌보시고 염치없지만 우리 아이들,

부족하지만 끝까지 붙들어 주시면

천국 가서도 잊지 않겠습니다.

목사님 사모님, 감사하고 고맙습니다.

나의 나된 것.

창립 36주년을 맞이해 『아비목회』라는 책이 출간되었다.

이 책이 나오면서 교회의 세밀한 역사와 성도들 내면의 진실함이 많은 사람들에게 알려졌다. 흘러간 세월 속에 희로애락의 추억들이 다시금 조명 되는 것을 보니 내 걸어온 삶의 길에 의미를 부여해주는 듯 했고, 나의 내면에 깊이 묻힌 아픔까지도 조금이나마 털어버릴 수 있는 시간이 되었다.

내가 생각나는 대로 고생했던 이야기를 다 쏟아낸다면 상대적으로 남편인 목사님이 아내에게 잘해주지 못한게 아닌가 생각할 수도 있겠지만 목사의 사명은 그 이상, 형언할 수 없는 무게임에도 목사님은 목회와 가정의 균형을 잘 맞추어 걸어오셨다.

내가 그토록 신뢰하고 따른 목사님은 기도의 사람이고 아주 따뜻한 가슴으로 사람을 사랑하는 애국자요, 효자요, 배려심이 깊고 역사를 존중하는 사람이다. 너무하다 할 만큼 목회에 전념하는 대신 가족들에게도 사랑으로 최선을 다하는 좋은 남편이자 좋은 아버지이다.

목사님은 정이 많고 마음이 따뜻해 누구에게나 좋은 분이다. 목회자가 이성, 물질, 명예 문제로 넘어지는 것은 한 순간임을 알기에 목사님은 유혹이 예상되면 그때마다 아내인 나에게 기도를 부탁했고 모든 것을 결정할 때 함께 기도하면서 극복했다.

대외적으로 여러 곳에 목사님 혼자 다니다 보면 본의 아니게 오해받을 수 있음을 생각해서 우리는 늘 함께 가기로 했다. 최근 합신 총회장과 한장총 대표회장을 지내며 외부활동이 많아지기 전까지는 거의 항상 동행했고 목사님은 나만 있으면 수중에는 돈을 지니지 않은 채 다니실 정도로 늘 함께였다. 오래전 동행했던 한 목회자 수련회에서 만난 목회자 몇 분은 정중하게 남편이 못미더워서 따라왔느냐 묻기도 했다. 그렇게 함께 수십 년간 동행하면서 보니 목사님은 나의 고생한 예전의 그때를 기억하고 좋은 곳에 함께 다니며 누림의 영광을 나누어준 것임을 깨닫게 되었다.

우리 목사님의 성도 사랑은 아주 대단하다.

목사님의 사랑은 칭찬으로도, 책망으로도 표현되는데 그 깊이를 알지 못한 이들 중에는 서운해하며 떠나간 사람도 있었다.

목사님의 성도들을 향한 아버지의 마음은, 조금이라도 가진 것이 있으면 모두를 자녀를 키우는 에너지로 쓸 생각에 항상 기뻐하고 자족함으로 표현된다. 그러나 이를 모르는 사람들이 보기엔 무척 돈이 많은 것처럼 보이기도 하나보다. 그러나 물질이 많아서가 아니라 마음의 평안과 가정의 행복은 돈에, 직분에 비례하지 않음을 깨달았기에 그러한 것이다.

목회자가 돈을 알면 서민보다 부자에게 더 관심을 가질 수 있고 사람을 의식하면 그때부터는 강력한 리더십이 없어지게 된다. 그것을 깨달은 후 목사님은 사람을 의식하지 않고 오직 하나님 중심으로 사람을 보았다.

비록 경제적인 어려움이 닥쳐올 때라도 내가 옆에서 함께 "하나님이 먹이잖아요. 하나님이 함께하면 무엇이 문제가 되나요. 우리교회는 꼭 부흥할꺼예요. 하나님이 보여주셨어요." 라고 확신을 말할 때마다 힘을 얻는 것을 체험했다.

어느 날 둘째딸이 말했다. 미국에서 지낼 때 주일마다 인터넷으로 동시 영상예배를 드리면서 흔들리지 않고 신앙생활을 잘 할 수 있었단다. 아버지가 담임목사이기 때문에 우리교회에 출석하는 것이 아니라 설교가 좋아서 나온다고 했다. 개척 때부터 모든 것을 지켜보며 자라온 큰 딸도 항상 지혜롭게 묵묵히 곁에서 사명을 다하며 힘이 되어준다. 전도사인 아들은 아버지와 몇 시간씩 신앙의 토론을 할 때가 있다. 때론 신세대의 사고로 아버지에게 훈수 아닌 훈수를 두기도 하지만 목사님은 그저 듣고 웃어주신다. 때로 밤이 맞고 날이 새도록 인생을 말하는 것도 보았다.

목사의 삶이 설교가 되었다는 것을 자녀들이 자신들의 삶과 신앙으로 확증해주고 있음에 감사했다.

어느 날 TV를 보는데 한 부부가 다시 결혼 적령기가 돌아온다면 지금의 내 남편, 내 아내와 결혼하겠는가라는 질문을 받았다. 그들은 다시 결혼하지 않는다고 대답했다. 나는 속으로 나에게 누가 물어보면 '하나님이 하라시면 하겠다고 대답해야지' 생각했다. 그러나 다시 곰곰이 생각해보니 내 평생에 남편을 잘 만나서 지금까지 살아있는 것이라 생각이 들었다.

처녀 때 교회에서 만난 목사님은 키도 작고 배경도 없고 아무것도 가진 것이 없었다. 친구들도 결혼을 말렸지만, 하나님의 강권적 역사로 결혼했고 지금의 우리 가정과 교회를 보니 행복과 축복이 가득하다.

난 그때보다 더 적극적으로 내 현재 남편을 선택할 것이다.

가정에서 존경받고, 성도들을 자녀처럼 아끼고 배려하며 영광을 나눠주는 목회자의 아내가 된 것을 매우 행복하게 생각한다. 원수를 사랑으로 이해하고 언제나 상대의 입장에서 생각하려 하는 목사님을 보며 때로는 마음이 아파 다투기도 했으나 지나보면 목사님의 판단이 옳았다. 지난 날 어려웠던 모든 것은 하나님의 온전한 사랑이라 믿어져 감사하고 있다.

"나는 비천에 처할 줄도 알고 풍부에 처할 줄도 알아 모든 일 곧 배부름과 배고픔과 풍부와 궁핍에도 처할 줄 아는 일체의 비결을 배웠노라"

(빌4:12)

『내 영혼에 햇빛, 비치다』를 통해 잠시나마 목사님의 목회에 함께 걸어온 길을 성도들과 나눌 수 있는 장이 된 것을 매우 귀히 여기며 감사드린다. 수고하는 이들, 사랑을 베풀며 좋은 일 하며 함께 가는 성도들에게 모두 사랑한다 말하고 싶다.

내 영혼에 햇빛, 비치다

지 은 이 | 군포제일교회 가족

초판발행 | 2015. 1. 1

등록번호 | 제 2003-6호

등록된 곳 | 경기도 군포시 오금로 102

발 행 처 | 도서출판 성빛

대표전화 | 031-397-6754

F A X | 031-397-9241

I S B N | 978-89-87187-23-5(03230)

홈페이지 | gunpojeil.org

북디자인 | 맹영미

사   진 | 김형진, 윤성민

값 10,000원

이 도서의 국립중앙도서관 출판예정도서목록(CIP)은 서지정보유통지원시스템 홈페이지(http://seoji.nl.go.kr)와 국가자료공동목록시스템(http://www.nl.go.kr/kolisnet)에서 이용하실 수 있습니다. (CIP제어번호 : CIP2014037672)